分别 为圣

叶光明 著

分别 为圣
Set Apart for God

叶光明国际事工版权 © 2018

叶光明事工亚太地区出版

PO Box 2029, Christchurch, New Zealand 8140

admin@dpm.co.nz

叶光明事工出版

DPM19

ISBN: 978-1-78263-654-0

目录

编者的话

　　展阅本书正文以前，容我们提供关于叶光明牧师这本著作的导读指引，以及本书从订定主题到最后抵达读者手上的相关过程。

　　第一，主题。这个主题一向被滥用、被忽视，相信叶光明牧师的积极观点必能使你大受激励。并非人人看到"圣洁"的主题就会想拿起来看，这点你应该不意外。相反地，许多人的直觉反应是避而不谈，要嘛因他们认为那是宗教狂热者所关心的，要嘛因觉得要求太高反正达不到（所以啰，干脆不去尝试）。

　　这类反应完全可以理解，从许多方面看也说明了这本书出版前漫长等待的原因。

　　圣洁的概念无论在教会界，或在基督徒思想和实践上长期被曲解。事实上，如同作者在本书中所指出的，绝大多数基督徒误以为追求圣洁生活须谨守诸多规定—大部分是负面的规定（"不可"这样、"不可"那样），以为基督徒必须严格遵守，否则在神看来就是"不合标准"。

　　叶光明牧师的见解使人重新得力，他打破错误概念，带你从全新的角度看：圣洁生活是我们与主关系的一种表达。他不但告诉你什么不是圣经的教导，也说明什么才是真正的

分别为圣

圣洁。

以下提供内容速览，希望能吸引你潜入本书，追求你自己分别为圣归与神的目标，同时发掘属于你的"圣洁妙招"。叶光明牧师说得好："圣洁不是遵循一套负面表列的规定，圣洁是积极正面的强大力量。事实上，我相信圣洁是全宇宙最强的力量。"

第二，过程。常有人问，叶光明牧师已过世多年何以能继续出版"新"书？（如你所知，叶光明牧师于2003年9月24日逝世，结束他在世界各地教导神话语的六十年事奉。）

或许你心里也有同样疑问，若是，请容我们带您一瞥出版新书的过程。你会留意到本系列每一本书的卷首说明："编者注：本书取自叶光明牧师未出版的讲道材料档案，并经由叶光明国际事奉团编辑小组整理而成。"

叶光明牧师马不停蹄地教导圣经，留下非常多的录音档案，常令我们惊喜，许多信息的切身性甚至更胜于传讲的当时，因此也带给我们整理付梓以飨主内肢体的迫切感。

编辑小组由"叶光明国际事奉团"在各国的代表所共同组成，他们定期讨论有哪些材料应当整理出版，并时常检讨是否应翻译成不同语言推广到世界各地。

就叶光明事奉团的国际社群而言，早就引颈期盼一本以圣洁为主题的书出炉。牧师本人多年来一直想写这本书，因为这个主题也是他心中的一大负担。然而，因其它重要主题的书不断排上出版清单，而把这本书的出版推迟了。

牧师去世后，出版一本以圣洁生活为主题的书依旧被频频提出来讨论，编辑小组也了解一个现实问题，就是这本千呼万唤始出来的书，可能不会像其它著作那样广受欢迎（原因如上述）。我们曾担心，少有基督徒会认真思考购买一本讲圣洁的书。

叶光明牧师本人倒不曾这样担心过，他生前常说（拿来作书名也未尝不可）："圣洁不是可有可无的选项。"（你知道的，叶光明牧师讲话从不兜圈子。）因此最终我们愿意冒这个险，不单出版这本书，还把"圣洁"词放在副标题一而且使用叶光明牧师的自创语"圣洁生活的美丽奥秘"。

借由那背景，我们把叶光明牧师所定的这词放在你的面前一分别为圣：圣洁生活的美丽奥秘。

盼望你不要放下手中这本书，直到你亲自发现这个美丽的奥秘。愿神使用叶光明牧师的道来帮助你，使你明白你已经被"分别出来归与神"，你要在这个创造历史、充满挑战的时代活出圣洁。愿神用这本书来激励你，使你发挥圣者主耶稣基督现代门徒的角色，影响你周围的人。

叶光明事奉团编辑小组

神的忠仆

早在这个媒体时代的"明星"传道者闪闪发光以前，叶光明牧师就已经达到他知名度和活力的鼎盛时期。而他屹立不摇的地位，堪称二十世纪真正非比寻常的圣经教师暨神学家。

他是出生于印度的英国公民，曾于英国伊顿公学及剑桥大学接受学术训练，并曾与鲁益师（C.S. Lewis）结识。在他戏剧性的信主经历之前，他可是拥有剑桥大学古代与现代哲学研究员身份，但自从他幡然悔改，将过人才智全然降服于基督，领受圣灵光照之后，他就成了传递圣经真理的一股强大力量。作为一个受过古典哲学训练且从不避称灵恩经验的人，学术上的严谨和对超自然事物的开放，在他身上罕见地汇合，是真道与能力、真理与圣灵的交会。

延续将近六十载、跑过六大洲的无数城市，叶光明牧师教导、传道、鼓励、传扬、分赐与激励了无数人，且一路以来写作不辍。说这位谦冲自牧、以身示道的教师影响力遍及全世界，一点都不会言过其实。

在2003年秋天，叶光明牧师于他所钟爱、住了将近二十年的耶路撒冷辞世，享年八十八岁。身后留下一些美好的礼物，对那些有荣幸亲自认识他的人，留下激励人的好榜样—

对神的降服、对教会的爱、对以色列的情，还有他那澎湃的热情，要看见神的子民行在基督为他们买赎的自由与权柄的丰盛之中。对我们所有人来说，他留下数量惊人的教导，包括书籍、文章、证道和书信。

你手中这本书就是这宝藏的一小块。从1993年到2003年，叶光明牧师发出了许多封文情并茂的"教导信函"给他的朋友和事奉的同工。这些事奉的信函所呈现的教导之深入和丰富，并涵盖各种重要但被忽略的主题，比如个人的品格、真实的敬拜，以及神话语的能力。我们很高兴能将其中一些优美的内容收集在这本书中，呈现给读者。

由我们来出版文集尤其适合，因为叶光明牧师不只一次表达他强烈的渴望，当他返回天家后，他的事工仍能延续下去。他用一生传扬的真理知识能在他身后继续传给众圣徒，他肯定会觉得很有意义。

生前他尽心竭力要看见神的子民在真道上长进而成熟，愿这本文集能使他的遗产也延展到你身上。

Chosen Books编辑室

前　言

　　圣洁是圣经中一个独特又伟大的主题，世上没有任何一本书像圣经这样揭开圣洁的本质。然而，这个主题被许多属神的团体忽视已有一段时间了，所以相关的教导非常的少。

追求圣洁

　　事奉到某个时候，我曾预备传讲一系列题为"追求圣洁"的道，这个题目取自希伯来书十二章14节："你们要追求与众人和睦，并要追求圣洁；非圣洁没有人能见主。"在预备讲章的过程中，我回首过往，当时我作传道人已经超过半世纪了，而且我数了一下，我已经到过四十九个国家，向各种宗派和不同种族的人传过道—多得不可胜数。遗憾的是，似乎想不起来有哪一群人在追求真正的圣洁。

　　或许我的记忆有误，又或者我对人的判断有误，但我想不起来见过哪个教会或某一群人，能令我肯定地说他们真的在追求圣洁。

圣洁已从基督徒词汇中消失

就我印象，大约在一次大战期间，某些主题从西方基督徒思想中失势，而且从未真正恢复地位。其中之一就是圣洁。事实上，圣洁一词似乎已经从基督徒词汇中消失了（一起消失的还有牺牲和舍己）。忽视的结果造成不幸，原因如本书将为你指出的，圣洁是神的心意，也是身为神的百姓应当身体力行的，"那召你们的既是圣洁，你们在一切所行的事上也要圣洁。因为经上记着说：'你们要圣洁，因为我是圣洁的。'"（彼得前书一：15-16）

当然了，在基督身子里有一些团体将圣洁冠在宗派名称上，不过据我观察，这些宗派多数是把一长串规定当作圣洁的实践，而且往往没有提出经文作为那些规定的依据。

神是圣洁的，但并非因他制定了一套规矩并且遵守。你也一样，遵守一套规则并不能使你圣洁，就算那些都是很棒的规定。你可以决定遵守规定，但容我重申，那并不能使你成圣。我个人的结论是，圣洁几乎可说与遵守规则和规定本身无关。它乃是关乎与神的性情有分，就是因着信靠基督使我们进入与神的关系之中，发现这位爱我们的神已经呼召我们去做的事，于是我们就用一生去实现他的呼召。相信当你展阅本书时，你会越来越明白这个真理。

第一章

什么是圣洁？

回答"圣洁是什么？"这个重要问题之前，让我先告诉你什么不是。了解什么不是圣洁是非常重要的一步，才能进而认识什么是圣洁，因为很多基督徒对于圣洁有些错误的观念，就是我在前言提到的一基本上以为圣洁就是遵守一套规定，哪里可以去，什么可以吃，怎样的衣着可以穿。这就是传统上对于圣洁的联想，至少就英美两国而言是如此。然而使徒保罗却特别强调遵守规定并不能使你圣洁，他在歌罗西书二章写道：

> 你们若是与基督同死，脱离了世上的小学，为什么仍像在世俗中活着、服从那"不可拿、不可尝、不可摸"等类的规条呢？这都是照人所吩咐、所教导的。说到这一切，正用的时候就都败坏了。这些规条使人徒有智能之名，用私意崇拜，自表谦卑，苦待己身，其实在克制肉体的情欲上是毫无功效。
> （歌罗西书二章20-23节）

保罗在这段经文中阐述深刻的真理，你越将焦点摆在绝对不可做的事上，那些事对你的掌控力就越强，那些事"在克制肉体的情欲上是毫无功效"。你对自己说："我绝对不可以发脾气，绝对不可以发脾气，绝对不可以发脾气。"说完后发生什么事？你就大发脾气。为何？因为你的焦点错误。

圣经所描述的圣洁并非一张"不可做"清单

坦白说，宣示圣洁等同于许多规条和规定的信仰，令人退避三舍，人们会说："假如那样叫圣洁的话，我不要有任何牵连。"

请容我向你证明：圣经所描述的圣洁并非一张"不可做"清单。让我们先来看希伯来书十二章10节，讲到父神如何管教他的儿女：

生身的父都是暂随己意管教我们；唯有万灵的父管教我们，是要我们得益处，使我们在他的圣洁上有分。

很清楚，规条并非圣经或神对于圣洁的定义。神是圣洁的，但不是因为他设了一套规条来查核自己的行为。这节经文提到管教，管教是要我们透过与他的关系，而与神的性情有分。

圣洁是神的本质中无与伦比的一面

历世历代许多传道人和神学家，对圣洁提出各种阐释和

13

分别为圣

定义，且让我从个人所下简单的定义开始吧：圣洁是神本质中独一无二、无与伦比的一面。

从圣经中我们发现神本质的许多方面，我们知道神有智能，他是全知的、公正的、大有能力的，且他满有慈爱。我们很清楚地看见神的本质中有以下属性：智能、知识、公义、正直、能力和慈爱。我们从周围的世界可以略微看到这些特质，例如，我们看到备受敬重的人充满智能，我们看到某人显然知识程度很高，我们看到某些层面有正义，我们懂得权力的概念。

还有，在某个层面上我们都熟悉爱是什么。

不过论到圣洁却不是这样了。在神和神的百姓以外，这个住满人类的星球上无一物堪称"圣洁"。神的圣洁是独一无二的。

因此，你必须认识神才能了解圣洁。不认识神的人对圣洁毫无概念。这是区别谁认识神、谁不认识神的一个好方法。不是用宗派名称去区别，也不一定能从他们的遣辞用句来区别，因为有些宗教专家能使用"正确"的宗教词汇。但当你发现某人了解圣洁的概念，你就知道那人遇见神了一因为没有神就没有圣洁。

箴言第三十章是个相当奇特的预言，发预言者名叫亚古珥，除了这一章所述以外，我们对亚古珥这人一无所悉。但请看在以下这两节中亚古珥怎样论到自己：

我比众人更蠢笨，也没有人的聪明。我没有学好智能，也不认识至圣者。（箴言三十：2-3）

你看，"认识至圣者"—亦即认识神，是认识圣洁所不可少的。无论一个人多有教养、教育程度多高，若不认识至圣者，从某个角度而言，他像只动物似的，或可说是粗野不文。

简言之，亚古珥说自己"仅及动物水平"。使一个人提升而高于动物等级的，就是关于神是圣洁的启示。

圣洁是神的精髓

让我提出这点请你思考，圣洁是神的精髓，且是唯独神才有的。除了神，别无圣洁："因为独有你是圣的"（启示录十五：4）；别无一人、事、物是圣的。此外，关于神的一切都是圣洁的。因此容我重申，必须先了解神：了解神是怎样的神，才可能对圣洁有一点了解。

以下将纵览神的属性，分成七大属性，对此研究结果我很满意且很放心，因知我走对了路，七是圣经中一个完全的数字。我相信圣洁是神所有属性的总和。

圣洁是神所有属性的总和

从某个角度而言，圣洁是无法解释的，不像其它绝大多

分别为圣

数概念那样可以定义。它只能被启示出来。除了直接来自神的启示，别无其它方法可以了解圣洁。（参见哥林多前书二：9-12)

神的七大属性

1. 光

2. 爱

首先来看这两个属性：光和爱。在约翰壹书一章5节，约翰说：

神就是光，在他毫无黑暗。这是我们从主所听见、又报给你们的信息。

神不单创造了光或发出光辉，并且祂本身就是光。

同样出自这封使徒书信，我们看到神的第二个属性：

没有爱心的，就不认识神，因为神就是爱。……神爱我们的心，我们也知道也信。神就是爱；

住在爱里面的，就是住在神里面，神也住在他里面。（约翰壹书四：8、16)

神既是光又是爱。约翰．卫斯理曾提出,圣洁的定义就是"完全的爱"。虽然这个想法非常好,但我不认为这是个充分的定义。神是爱也是光。

我们都知道,实情也是如此,就是在光与爱之间有股张力。光的作用是暴露你的缺点和错误,所以令你害怕;而爱却吸引你。在我们与神的关系上也有这股张力,我们想要靠近他,却不一定觉得能够面见他真理的光。

3. 公正／审判

神也是公正和审判的神。这两个相连的特点绝对是他本质的一部分。在申命记卅二章的摩西之歌,摩西强调神的公正:

我要宣告耶和华的名;你们要将大德归与我们的神。他是盘石,他的作为完全;他所行的无不公平,是诚实无伪的神,又公义,又正直。(申命记卅二章3-4节)

有许多人常从自己的处境里指控神不公平,但是圣经说神所行的无不公平。他是完全正直的;他是真理和公义的神。我常引述创世记十八章亚伯拉罕说的话,就是他在为所多玛向神恳求时说的:

分别为圣

> 将义人与恶人同杀，将义人与恶人一样看待，这断
> 不是你所行的。审判全地的主岂不行公义吗？（创
> 世记十八：25）

神就是这样的一位神。他审判全地，他所行的无不公
义。在他绝无不公不义，也绝无过失。有时我们会被引诱而
认为神不公平，但是圣经斩钉截铁地告诉我们，这种想法是
错误的。

4. 怒气／忿怒

接下来要看的这项属性，由两个相关词代表：怒气和忿
怒。现代基督徒几乎容不下神的这两个特性，但这两个特性
非常重要。神是怒气和忿怒的神。那鸿书第一章深刻地呈现
了这个真理，起首语颇为突兀，先知毫不客气劈头就说：

> 耶和华是忌邪施报的神。耶和华施报大有忿怒；向
> 他的敌人施报，向他的仇敌怀怒。（2节）

看到了吧，神怀着怒气，他是忿怒的，他施行报复。这
是他的神性，永恒的本质。坦白讲，我们若忽略这部分就无
法呈现神的真貌。现代人的心态是："好吧，如果神得审判
什么人或事，至少他得先征得我们同意吧。"不是那样的。
那样想的人将猛然惊觉不妙。

启示录十四章可以找到与上述经文类似的信息，那里描

述神对那兽或敌基督，及其跟随者的审判：

> 又有第三位天使接着他们，大声说："若有人拜兽
> 和兽像，在额上或在手上受了印记，这人也必喝神
> 大怒的酒；此酒斟在神忿怒的杯中纯一不杂。他要
> 在圣天使和羔羊面前，在火与硫磺之中受痛苦。他
> 受痛苦的烟往上冒，直到永永远远。那些拜兽和兽
> 像，受牠名之印记的，昼夜不得安宁。"（启示录
> 十四：9-11）

请留意，那些亵渎者将在羔羊面前受痛苦。这可不符合
现代人心中"耶稣温柔、柔顺又谦和"的画面。但是怒气和
忿怒也是神性的一部分，是他永恒的性格，他是审判的神。

这方面令我联想到使徒约翰，在最后的晚餐他把头靠在
耶稣胸膛，问谁会出卖他（参见约翰福音十三：21-25）。
那次约翰跟耶稣靠得很近，但是在启示录第一章，当约翰看
见耶稣是审判者的异象时，却"仆倒在他脚前，像死了一
样"（启示录第一章17节）。你明白吗，神和耶稣的性格与
个性有很多方面，审判和忿怒是他永恒本质的一部分。不仅
如此，他施行的审判也是永远的："他们必昼夜受痛苦，直
到永永远远。"（启示录二十：10）

当前有一理论盛行，说满有怜悯的神不至于对任何人施
行永远的审判。若依据这个错误观点，那么即便是未与神和
好者，最终也不会受惩罚。这不合乎圣经，事实上根本就不

分别为圣

是真的，若信这理论可就危险了。我是绝对不接受这种想法的，尤其是在启示录末尾写得一清二楚，就在最后一章的最后两节经文之前，主说：

> 我向一切听见这书上预言的作见证，若有人在这预言上加添什么，神必将写在这书上的灾祸加在他身上；这书上的预言，若有人删去什么，神必从这书上所写的生命树和圣城删去他的分。（启示录廿二：18-19）

启示录里对一件事情写得再清楚不过：永远的审判是真实的。我绝对不会删去这真理，我可不想让我的名字从生命册上被删去。

对今天的我们来说这是非常重要的课题。人本主义的哲学是如此自以为义——其实是草率，容我这么说，它根本没有把真相准确地呈现出来。

从前我认为人本主义是一种相对无害的错谬，不过后来我查了辞典，一看到定义时吃了一惊：

> 否定有任何力量或道德价值高于人性；拒绝宗教而宁可相信人类可以靠自身努力不断进步。

我这才明白人本主义在属灵上并非中立，相反地，它是刻意否定和拒绝神的大能与权柄。它是排宗教式的哲学，因此它能够（也常常得以）进入教育体系而传授给学生，美国就是一例，在美国各级学校禁止通常定义的宗教教导。

事实上,人本主义思想的草率,为社会铺排了一个对待罪犯比受害者更仁慈的舞台,为何?因为大家都不想被说成是"好论断者"。

为什么大家都不想提出个人的判断?我的看法是:我们都心知肚明,如果别人会被审判,那我也会;既然我不希望他得面对审判(更不希望我面对审判),那么我就得把上帝的概念调整一下。但是上帝可不跟我们玩这种游戏。

5. 怜悯／慈爱

神的另一个伟大的属性可由两个相关词来表示:怜悯与慈爱。新英王钦定版圣经的"慈爱lovingkindness"是从希伯来文chesed翻译过来的,虽然其它版本不一定这样翻译,例如:新国际版就译为"大爱great love",修订标准版则译为"坚定的爱steadfast love"。对希伯来文chesed作了字词研究之后,我得一结论:这单字的真正意思是"守约信实的神",神信守他的圣约,是他伟大的属性之一。

神信守他的圣约,是他伟大的属性之一。

诗篇五十一篇是大卫的祷告,如你所知,作这祷告时他心灵极其忧伤,他与拔示巴犯了奸淫的罪,又谋害了拔示巴的丈夫,东窗事发后他的灵魂悬置未决。我们可以感谢神的是,大卫知道向谁求告,也知道在什么基础上祈求;他的祈祷帮助我们了解神的慈爱,以下是大卫的悔改祷告:

分别为圣

神啊，求你按你的慈爱怜恤我！按你丰盛的慈悲涂
抹我的过犯！（诗篇五十一：1）

"求你按你的慈爱"，意思是"按你守约的信实"。大
卫向神说："你已定意赦免我，如果我符合赦免条件的话。
现在我站在这基础上求告你。"能够在这基础上进到神面
前，对我们太重要了。

其它多处诗篇都可以找到同样的原则，比如一〇六篇第
1节：

你们要赞美耶和华！要称谢耶和华，因他本为善；
他的慈爱永远长存！

同样对神怜悯慈爱的称谢，于诗篇一〇七篇再现："你
们要称谢耶和华，因他本为善；他的慈爱永远长存！"（诗
篇一〇七篇1节）此外，在此一诗篇中重复出现四次的赞叹
句，都提到神的慈爱（希伯来文chesed）：

但愿人因耶和华的慈爱和他向人所行的奇事都称赞
他。（诗篇一〇七篇8、15、21、31节）

诗篇一〇七篇最后一节，又看到慈爱（chesed）一
词：

凡有智能的，必在这些事上留心，也必思想耶和华

的慈爱。 （诗篇一〇七篇43节）

可见神的怜悯与慈爱是他永恒本质的一个方面。

6. 恩典

神也是恩典的神。希伯来书作者说：

所以，我们只管坦然无惧地来到施恩的宝座前，为
要得怜恤，蒙恩惠，作随时的帮助。 （希伯来书
四：16）

这节经文说我们需要怜恤，但我们也需要恩惠（恩
典）。让我们花一点时间咀嚼圣经有关恩典的真理。首先最
重要的是，你无法凭借个人的努力赚取恩典；恩典是神送给
你的礼物。如果能够靠个人的努力赚取，就不叫恩典了。因
此"宗教人士"有个大问题就是，他们相信他们必须凭着个
人努力换得一切。结果是，他们很容易拒绝神的恩典，保罗
说得好："做工的得工价，不算恩典。"（罗马书四：4）
　　你无法赚取怜悯，也不能赚取恩典。当希伯来书作者
说："我们只管坦然无惧地来到施恩的宝座前，为要得怜
恤，蒙恩惠，作随时的帮助。"就是认定我们的过往需要怜
悯，我们的将来也需要恩典。为何？因为唯靠神的恩典我们
才能成为他要我们成为的人，活出他要我们活出的生命。

分别为圣

7. 能力

神的七大属性中，最后一项是能力。整本圣经中描写神大能的经文俯拾皆是，且举诗篇九十三篇为例：

耶和华作王！他以威严为衣穿上；耶和华以能力为衣，以能力束腰，世界就坚定，不得动摇。你的宝座从太初立定；你从亘古就有。耶和华啊，大水扬起，大水发声，波浪澎湃。耶和华在高处大有能力，胜过诸水的响声，洋海的大浪。（1-4节）

结束本章之前，来复习一下神永恒本质的七大方面：
1. 光
2. 爱
3. 公正／审判
4. 怒气／忿怒
5. 怜悯／慈爱（守约的信实）
6. 恩典
7. 能力

没有半点怀疑地，我相信神的圣洁包含上述所有属性。

第二章

"圣哉，圣哉，圣哉"

　　整本圣经从头到尾都强调神的圣洁。然而当我们展读英文圣经时，却发现很多地方并没有清楚地把"圣洁"翻译出来。在新约的希腊文（原文圣经）中提到圣洁时有一些附带的字词，但翻成英文时连结却断了，英文版圣经只译成："神圣holy"、"圣（徒）saint"和"成圣sanctification"。假如你能读希腊原文的新约圣经，这些字词都有直接的连结，一看字根就知道。让我花点时间解释这些字词的关连性。

　　通常译成"神圣holy"的基本希腊字是hagios。在英王钦定本圣经中，每一次读到"圣"徒，都只是形容词神圣（holy）的复数型，所以"圣徒"（saints）意思就是"许多圣者"（holy ones）—我敢说有很多真诚的信徒从来不知道"圣徒"的真正意思。

　　至于"成圣sanctify"，一看字尾ify就知道这个字有"使成为"的意思，看ify前面是什么就使之成为什么，举个例子，动词purify意思就是"使之洁净"，clarify就是"使

25

分别为圣

之清楚"的意思，rectify就是"使之正确"的意思。同理，sanctify意思就是"使之成圣"。只要了解sanct其实就是saint，你就会懂这当中的意思了。

在德文以及所有斯堪地那维亚语言，都把圣约翰（St. John）叫"Sankt Johann"，圣路加叫"Sankt Lucas"等等；因此意思更清楚了。成圣（sanctify）意思就是使之成为圣（to make sanct）或"使成为圣徒"。既然saint（圣徒）意思是holy（神圣），那么，"sanctify成圣"的意思就是"to make holy使成为圣洁"，很简单的道理。因此名词"sanctification成圣"就代表"使成为圣"的过程。

有很多信徒一看到成圣这样的字眼就吓跑了，听起来好神学、好难、好讨厌，所以能避免就避免。但对我来说，圣洁一词有它吸引我的美。本书就是在诉说它的美。

为了以下内文引述之便，请记住"圣徒"就是"圣者"的意思，而成圣（动词）就是成为圣徒，名词则是成为圣洁的意思。这些字词可以互换使用，换言之，当我说"成圣"，相信你能了解其意思是"使之成为圣洁"。

"高高的宝座上"

接下来的两章要来看一些论到神的圣洁的关键经文，首先看以赛亚书六章如何描述神的圣洁。这里说先知以赛亚在异象中看到神坐在荣耀的宝座上。就我对以赛亚书的了解，

第二章 "圣哉，圣哉，圣哉"

先知在领受这美好的异象之前，他的敬虔已在当时一般人的水平之上。即使如此，如你将看到的，这异象还是给他巨大的冲击，让我们先来看头两节经文：

> 当乌西雅王崩的那年，我见主坐在高高的宝座上。
> 他的衣裳垂下，遮满圣殿。其上有撒拉弗侍立，各
> 有六个翅膀：用两个翅膀遮脸，两个翅膀遮脚，两
> 个翅膀飞翔。（以赛亚书六：1-2）

请停驻思考撒拉弗的意义，就是以赛亚所见之活物。我们很快就注意到他们跟启示录第四章所显示的相同，撒拉弗的希伯来原文意思是"燃烧者"，他们全身上下都是火。

撒拉弗有六个翅膀：四个用来敬拜，两个用来事奉。请注意这里经文的强调是敬拜在先，其次是服事。他们用两个翅膀遮脸，心存敬畏地敬拜神；又用两个翅膀遮脚，敬畏地敬拜神；剩下的两个翅膀用来飞翔，事奉神。正确的次序和比例就是这样。敬拜先于事奉。今天有许多教会几乎无敬拜或是不重视敬拜，却有一大堆活动，其中真正有果效的事奉少之又少。

三次重复 "圣哉"

让我们继续看以赛亚书六章：

分别为圣

> 彼此呼喊说：圣哉！圣哉！圣哉！万军之耶和华；
> 他的荣光充满全地！因呼喊者的声音，门坎的根基
> 震动，殿充满了烟云。（3-4节）

天上的一切不断地提醒，神是圣洁的。

这段经文让我们看到，天上的一切不断地提醒，神是圣洁的。从永远到永远，天上的一切不断地提醒，神是聖潔的。从永远到永远，天上的一切不断地发出"圣哉！万军之耶和华"的提醒，天上圣殿因全能神的圣洁而震动。

以赛亚被提到天上，看见在神面前敬拜的异象，异象中他看到撒拉弗—燃烧者、全身火焰的活物。他仔细听，就听到他们"彼此呼喊说：圣哉！圣哉！圣哉！万军之耶和华。"

圣经里有两节经文连续用三次"圣哉"来称颂神，以赛亚书六章3节就是其中之一。这个观念一直延续到启示录，记载约翰同样被提到天上，同样听见撒拉弗的呼喊。只是在启示录中不叫撒拉弗，其实是同样的活物—启示录就称他们为"活物"：

> 四活物各有六个翅膀，遍体内外都满了眼睛。他们
> 昼夜不住地说：圣哉！圣哉！圣哉！主神是昔在、
> 今在、以后永在的全能者。每逢四活物将荣耀、尊
> 贵、感谢归给那坐在宝座上、活到永永远远者的时
> 候，那二十四位长老就俯伏在坐宝座的面前敬拜那

活到永永远远的，又把他们的冠冕放在宝座前，说：我们的主，我们的神，你是配得荣耀、尊贵、权柄的。（启示录四：8-11）

所以旧约和新约各有一个字词，也只有这个字词被重复用三次来形容神。旧约的撒拉弗呼喊："圣哉！圣哉！圣哉！万军之耶和华。"（以赛亚书六：3）新约的四活物呼喊："圣哉！圣哉！圣哉！全能神。"（启示录四：8）

我相信这样重复三次是有深刻意义的，因为跟神的三位一体有关。重复三次，点出了父是圣的、子是圣的、灵是圣的。别无其它是圣的；唯独神能用"圣"来形容。因此如前所述，唯有在神那里，我们才能了解什么叫圣洁，也才能有分于圣洁。圣洁是神存在的总和，当我们看到圣经连续用三次"圣哉"来形容神，就知道真正能用来形容神的就是"圣"了。据我们所知，凡是用到"圣"这个字的，都是跟神有关的，否则不用。圣经再往下读就会看到，圣洁不是可有可无的，因圣经告诉我们："非圣洁没有人能见主。"（希伯来书十二：14）

"嘴唇不洁之人"

接下来让我们看以赛亚对于神的圣洁有什么反应：

那时我说："祸哉！我灭亡了！因为我是嘴唇不洁的人，又住在嘴唇不洁的民中，又因我眼见大君

分别为圣

王—万军之耶和华。”（以赛亚书六：5）

前面说过，用人的标准以赛亚算是非常敬虔的。然而，神是圣洁的启示却令他用全新的角度看自己。他这才明白，原来他还远远不及神的圣洁和天上圣洁的标准。

请注意当以赛亚觉察自身的缺陷时，他特别留意到一个部分的亏欠甚多，是什么？就是他的“嘴唇”。雅各书三章2节说：“原来我们在许多事上都有过失；若有人在话语上没有过失，他就是完全人，也能勒住自己的全身。”以赛亚被带到正视事实之地，就是他需要更加圣洁，而当时的他远低于圣洁。

当我们承认需要，神就会随时赐下供应。

通常神也这样对待你我，他让我们觉察我们的需要，然后启示他会如何供应我们的需要。继续深入查考，我们将知道这就是我们需要圣洁的过程。当我们承认需要，神就会随时赐下供应。当以赛亚承认他的需要，神的供应就临到他：

有一撒拉弗飞到我跟前，手里拿着红炭，是用火剪从坛上取下来的，将炭沾我的口，说：“看哪，这炭沾了你的嘴，你的罪孽便除掉，你的罪恶就赦免了。”（以赛亚书六：6-7）

以赛亚的罪蒙赦免不是凭着他自己的工作，不是他努力的成果。反之，罪蒙赦免是由于神直接介入。坛上取下的红炭象征圣灵。人能成为圣是靠着圣灵的同在和能力。

事奉的呼召

以赛亚承认他的需要，领受了神的供应来满足他所需，
然后他听见事奉的呼召。在以赛亚书六章8节我们看到先知
如何回应神的呼召：

我又听见主的声音说："我可以差遣谁呢？谁肯为
我们去呢？"我说："我在这里，请差遣我！"

基本上（我认为这是绝大多数基督徒不明白的一个事
实），神并不使用自愿者。本书稍后会讨论这句话中的真
理。我们虽渴望事奉神，但首先必须深刻体会，我们是无用
又无助的人。只要你认为你有能力做工，神很幸运能有你
为他做事，那么实际上你所做的对他并没有永久的价值。然
而，当你走到一个地步终于明白你是完全不配、没有能力、
一点都不合用，这时神就会伸手触摸你的生命了。

我如何蒙召事奉

以赛亚坦承自己嘴唇不洁，及他对于神呼召的响应对我
的意义很深，因我也有类似的经历。记得我在军中服役时，
第一次陪一位战友去参加五旬宗教会的聚会，颇受震撼。因
我有很强的哲学背景，且从未参加过这种聚会。记得当时我
心中一直盘旋一个问题：那个传道人真的晓得他在讲什么
吗？

分别为圣

那晚的证道经文就是我们以上查考的以赛亚书第六章，那位传道人讲到第5节："我是嘴唇不洁的人，又住在嘴唇不洁的民中"之时，我听到有个声音对我说："没有比这句话更精准地形容你了！"以我在英军服役的经验，我认为没有任何地方的任何一群人更适合代表"嘴唇不洁的民"。

从这节经文以后，我才开始注意听他的证道。虽然我不知道他在讲什么，但我知道他知道自己在讲什么。有一扇门为我开启，我得救了。

那位传道人原本是开出租车的一跟我在剑桥大学听讲的对象是截然不同类型的人。他虽引用这节经文却没有紧贴着经文证道，而是从旧约跳到新约，又从新约跳回旧约，老实说，我很难跟上他跳跃的思路。

他有一段谈到牧童大卫和扫罗王的关系，他对此进行了一番想象中的对话，并正确地强调一个事实就是，扫罗王比众人高过一个头。只见他跳上一条长椅借此增高，当他学扫罗王说话时，就低头找大卫在哪里。我饶有兴味地注视台上的动静，正当他以扫罗王的角色发表了一番慷慨激昂的演说后，长条椅突然垮了，他碰地跌坐在地。（坦白讲，如果是打算讲给剑桥的教授听，这个部分还是免了吧。）总之，尽管发生这个小意外（不是因为，而是尽管），我明白他真的知道他在讲什么。而且我知道我不明白这节经文在讲什么。

当那位传道人奇特的表演终于来到尾声时，他请大家低头闭目，然后问有谁想要这个经验就在座位上举个手。我从没碰过这种聚会情况，没有背景音乐，什么都没有，完全静默。

好吧，我就坐在那里，静默的时间似乎特别长，忽然我左右两边传来两种非肉耳可听见的声音，一个对我说：如果你在这群老太太面前举手的话，会让穿着军服的你显得很蠢。另一个声音对我说：如果这件事是好的，岂不应该去得着吗？

坦白讲，我整个人动弹不得，无法响应。就在这时，神迹发生了，真的是奇迹，我看见我的右手高高地举起，我知道不是我举起它的。那一刻我真的吓坏了，心想，这是给自己惹来什么麻烦啊我？

好像聚会中全部的人就在等待这个，我的手举起来的那一刻，一切又开始动起来。虽然牧师没有过来给我辅导，但是有一对非常和蔼的夫妇过来邀请我和战友去他们家用餐，这对长者在教会旁边经营供膳食的宿舍。对于服役中的军人来说，晚餐的邀请是非常诱人的。

我们一起走回他们家时，这位年约六十的娇小女士一路叙述她的亲身经历。她说她丈夫在一次大战时，因罹患肺结核而被除役。我知道如果是被军方除役的话，那必是确诊无疑。接着她对我说："之后十年我天天跟神祷告，求他医治我丈夫。"我心想，这件事我从没想过，可以为一件事天天祷告，持续十年之久。她又说："在那特别的一天，我正坐在阳台祷告，我丈夫坐在床上一直咳血。这时我听到一个声

分别为圣

音说：'向神支取。'我立刻回答：'主啊，现在我向你支取。'"就在那一刻，她丈夫痊愈了。嗯，我对自己说，也许这就是我一直在寻求的。

需要谦卑

以上就是我对五旬节运动的入门，神用以赛亚书六章的这段经文呼召我出来事奉他，当时我对这整个领域完全不熟、也毫无准备。

以赛亚必须在圣洁的神面前谦卑下来，然后才有资格去做神呼召他去做的任务。

我所查考过的圣经人物生平，每一个蒙神呼召去做一件特别工作的人，都觉得自己不适任。假如你曾遇见一个人自称蒙了神的呼召，又说自己具备充分的能力一定做得成，那么你几乎可以肯定一件事：神并没有呼召他。

因此，以赛亚必须谦卑下来，他得在神的圣洁面前降卑，然后才有资格去做神呼召他去做的任务。这道理对你也是一样。

第三章

圣洁贯穿整本圣经

本章我们要仔细对照启示录第四章和以赛亚书第六章，以及其它论到圣洁的经文。我很喜欢启示录。有一次我对内人路得说："我就是不了解启示录在讲什么，没有什么心得，我们一起来从头到尾读一次吧。"我们就这样做了。

读完后我说："还是没有什么心得，让我们再读一次。"我们又读了一遍。

直到第三次其中的信息向我敞开了，从那以后，如果有人要我选一段最喜爱的经文，我常会选启示录第四和五章，因为那是在描述天上的敬拜。前面说过，在这一幕里也连续三次以"圣哉"称颂神，跟以赛亚书六章一样。

提升到宝座前

启示录第四章充满荣耀，关键词和中心主旨是"宝座"。让我们仔细读过整章，数数共提到几次"宝座"：

此后，我观看，见天上有门开了。我初次听见好像

分别为圣

> 吹号的声音，对我说："你上到这里来，我要将以后必成的事指示你。"我立刻被圣灵感动，见有一个宝座安置在天上，又有一位坐在宝座上。（启示录四：1-2）

这两节里已经提到两次"宝座"了。

> 看那坐着的，好像碧玉和红宝石；又有虹围着宝座，好像绿宝石。宝座的周围又有二十四个座位；其上坐着二十四位长老，身穿白衣，头上戴着金冠冕。有闪电、声音、雷轰从宝座中发出；又有七盏火灯在宝座前点着；这七灯就是神的七灵。宝座前好像一个玻璃海，如同水晶。宝座中和宝座周围有四个活物，前后遍体都满了眼睛。第一个活物像狮子，第二个像牛犊，第三个脸面像人，第四个像飞鹰。四活物各有六个翅膀，遍体内外都满了眼睛。他们昼夜不住地说：圣哉！圣哉！圣哉！主神是昔在、今在、以后永在的全能者。每逢四活物将荣耀、尊贵、感谢归给那坐在宝座上、活到永永远远者的时候，那二十四位长老就俯伏在坐宝座的面前敬拜那活到永永远远的，又把他们的冠冕放在宝座前，说：我们的主，我们的神，你是配得荣耀、尊贵、权柄的；因为你创造了万物，并且万物是因你的旨意被创造而有的。（3-11节）

一共出现几次"宝座"呢？这一章总共只有11节，就出现了十四次"宝座"。圣经启示我们，肉眼不可见的受造世界有四个等次，保罗在歌罗西书一章16节列出这四个等次：

"有位的"（thrones，宝座，译注）、"主治的"、"执政的"、"掌权的"。受造的宇宙中最高的等次就是宝座。

　　而在启示录第四章，使徒约翰就被提升到宝座的等次。因此这一幕发生在受造的最高层次上，在那里有一个持续不变的主题："圣哉，圣哉，圣哉"。如前所述，这三重宣告指出三位一体神：圣父、圣子、圣灵。圣哉父神、圣哉圣子、圣哉圣灵。容我重申，天上的一切都不断在提醒这个事实。当然，如果在地上的我们也把这个事实放心上，是非常合宜的—尤其是我们这些基督的肢体，即教会。

　　这章经文有几点很突出，让我们来思考一下。首先值得留意的是，约翰被圣灵提到天上时，第一眼就看到的是宝座。当他的眼睛适应宝座之后，才看到坐在宝座上的那一位。约翰看到的是神的宝座大厅，宇宙的治理中心。

　　"圣哉，圣哉，圣哉"指出三位一体神：圣父、圣子、圣灵。

　　接下来，约翰看到四活物—全身火焰的活物，听到他们呼喊："圣哉！圣哉！圣哉！全能神。"圣洁与火焰的连结引起我极大的兴趣，在提到火焰般的四活物这节经文之前，讲到"七盏火灯"（启示录四：5），这些可见之物是象征圣灵。希伯来书十二章29节说："因为我们的神乃是烈火。"可不是我们的神像烈火；而是说他就是烈火。启示录这节经文中的"火"不是父神也不是圣子，而是圣灵，他乃是烈火。

　　当这火降在迦密山上烧尽以利亚的燔祭，百姓全都俯伏

分别为圣

在地，高声说："耶和华是神！耶和华是神！"（列王纪上十八：39）众民都面伏于地，因知神亲自来到他们中间，不仅是属灵的彰显，他们进到神格的第三位面前，他是烈火。

"圣洁中的荣耀"

上一章我们讨论到以赛亚书六章3节的主题：圣洁。现在让我们来看旧约其它论到神的圣洁的经文，且照顺序速览一遍，首先是出埃及记十五章11节：

> 耶和华啊，众神之中，谁能像你？谁能像你——至圣至荣，可颂可畏，施行奇事？

神的圣洁充满荣耀。而当我们看见他的圣洁，就更觉他何等可畏，赞美之情就从我们心中油然而生。当我们赞美他，他就施行奇事。这真是美妙的启示。当你赞叹神的荣耀，就是献上他当得的赞美。当你献上他当得的赞美，奇事就开始涌流，这就是神所定的次序。

"他是圣洁的神"

接着我们来到约书亚记最后一章，这时神的百姓以色列已进入应许之地获得他们的产业，约书亚向大家发出一个挑战："既然你们都已在你们的地定居了，请问你们要以谁为事奉对象？"约书亚把选择权摆在众人面前："今日就可以选择所要事奉的：是你们列祖在大河那边所事奉的神呢？是你们所住这地的亚摩利人的神呢？还是要事奉耶和华——永活的真神呢？"（参见约书亚记廿四：15）百姓全都回答说要事奉耶和华：

> 百姓回答说："我们断不敢离弃耶和华去事奉别神。"（16节）

接着众人吟诵神何等伟大、他的胜利和赐福。听完后，约书亚的回应大出人意料之外：

> 你们不能事奉耶和华；因为他是圣洁的神，是忌邪的神，必不赦免你们的过犯罪恶。（19节）

稍早前我说过，神并不寻找自愿者，上面这节经文就是我那句话的意思。当今教会界有太多人说："我想要服事神，不晓得神那里有没有给我做的工作。"如果你是抱着这样的心态来到全能神面前，那你就不能与他连结。容我重申，我认为今天绝大多数基督徒都有一个印象是，他们得救后就起来事奉神，这是他的好运气。

过去有段年日我也曾抱持那种心态，因为我在专业和学术上颇有成就。然而多年后我开始明白根本不是那样。当神接纳我的时候，他可是接下了巨大的责任。你不能够自己去对神说："神哪，我想要来事奉你。"神说："你不行，你资格还不符合，你还没装备好。你会跌倒、失败，然后你的

分别为圣

情况会比之前更惨。"

有个想法须谨记在心：想要事奉神之前，最好先想想我们所要事奉的是怎样的一位神。他是圣洁的、荣耀的、可畏的神。

大多数基督徒都有一个印象是，他们得救后就起来事奉神，这是他的好运气。

服事神不能随随便便，不是在玩宗教游戏，不是偶尔上教会视情况方便而定。除非全身心的献上，否则事奉几无价值可言。

"只有耶和华为圣"

在撒母耳记上的"哈拿之歌"里我们再次看到这个主题：神是圣洁的。神应允哈拿长久以来的祈求，使她生了一个儿子。且让我分享观察哈拿的忧愁的一点心得，记载在撒母耳记上第一章，哈拿心里愁闷。容我这么说吧，不孕的妇人多半心里愁闷。但是当哈拿凭信心得胜，她就不再愁闷，她怀孕，作了母亲。在第二章她以一首颂歌欢庆得胜：

> 哈拿祷告说："我的心因耶和华快乐；我的角因耶和华高举。我的口向仇敌张开；我因耶和华的救恩欢欣。只有耶和华为圣；除他以外没有可比的，也没有磐石像我们的神。"（撒母耳记上二：1-2）

在真正精神上胜利的片刻，我们总是来到独特的上帝面前。他是神圣的，而且全宇宙中没有人像他一样。

以他子民的赞美为宝座

接下来在诗篇又有关于圣洁的神和我们合宜回应的美妙启示。诗人说："你是圣洁的，是用以色列的赞美为宝座的。"（诗篇廿二：3）英文钦定本翻译为："你是圣洁的，是以以色列的赞美为居所的。"不过我喜欢译成"宝座"，胜过"居所"。我曾跟一位瑞典歌手朋友谈到这节经文。我以赞美为题证道，也谈到诗篇廿二章3节的瑞典文翻译，若从那个版本的瑞典文直接译成英文，会是："你是坐在以色列的赞美的宝座上的。"这句话对我大有启发，我的瑞典朋友又对我说："不管有没有宝座，国王就是国王，神就是大君王，不论他是否坐在宝座上。但是当我们赞美他，就是奉上宝座请他上坐。于是他以王者之尊与我们同在，他就在我们当中。"

神以他子民的赞美为宝座。但我们必须认清一点，赞美是承认他的圣洁的结果："你是圣洁的，是用以色列的赞美为宝座的。"

至高至圣者与谦卑者同住

接着我们来到以赛亚书一段美好的经文：

因为那至高至上、永远长存（原文是住在永远）名

分别为圣

> 为圣者的如此说：我住在至高至圣的所在，也与心
> 灵痛悔谦卑的人同居；要使谦卑人的灵苏醒，也使
> 痛悔人的心苏醒。（以赛亚书五十七：15）

这美妙的经文深深地触动我心弦，希望我们没有漏失其
中明显的重点。名为圣者的如此说："我住在至高至圣的所
在，也与心灵痛悔谦卑的人同居。"我的第一个感想是，神
的圣洁激发了人的谦卑之心。当我们真正看见神是圣洁的，
只会有一种结果，就是谦卑。

请留意，有三个字像主题般贯穿上述经文，且这三个
字都出现了两次。此外，每个字在英文里都以h开头：至高
（the High）至上，名为圣者（Holy），住在至高（the
high）至圣（the holy）的所在，也与谦卑的人（the
humble）同居；要使谦卑人（the humble）的灵苏醒。这
一节经文的主题就是"至高、至圣和谦卑"。

如果你想要神与你同住，那么就预备一颗谦卑的心吧。
那住在永恒里、坐在高天宝座上的，"也与心灵痛悔谦卑的
人同居"。我不相信有谁领受了神是圣洁的启示以后，还会
心高气傲，因为骄傲其实是否认神的圣洁。

盼望以上的经文略览，能帮助你更了解神的本质是圣
洁。下一章要来看神如何期待他的子民行在圣洁之中。

第四章

神要我们圣洁

神是圣洁的，他要求他的百姓也要圣洁。为了探讨此主题，我们将查考利未记的一些经文，因为利未记的主旨就是在讲圣洁，"圣洁"一词出现三百九十多次。

> 我是耶和华—你们的神；所以你们要成为圣洁，因为我是圣洁的。你们也不可在地上的爬物污秽自己。我是把你们从埃及地领出来的耶和华，要作你们的神；所以你们要圣洁，因为我是圣洁的。（利未记十一：44-45）

> 你晓谕以色列全会众说：你们要圣洁，因为我耶和华—你们的神是圣洁的。（利未记十九：2）

> 所以你们要自洁成圣，因为我是耶和华—你们的神。（利未记二十：7）

分别为圣

> 你们要归我为圣，因为我—耶和华是圣的，并叫
> 你们与万民有分别，使你们作我的民。（利未记
> 二十：26）

"你们要圣洁，因为我是圣洁的"

作为属神的子民有项要求，就是圣洁，因为他是圣洁
的。这点圣经说得很清楚，使我们与地上其它人有分别的就
是此一质素。

让我们稍微花点时间看利未记十章10节：

> 使你们可以将圣的、俗的，洁净的、不洁净的，分
> 别出来。

利未记有个主旨就是如何分辨什么是圣的、什么不是圣
的，什么是洁净的，什么不是洁净的。事实上，摩西律法指
示祭司的重要职责之一，就是教导神的百姓区分什么是圣
的、什么不是圣的。导致以色列民族灾难和灵性衰退的主因
之一，就是祭司在这方面怠忽了职守。

牧者传道的重责大任之一，就是教导什么是圣的、什么
不是圣的。

同样原则也应用在今日的事奉上，牧者传道的重责大任
之一，就是教导圣洁的真谛，包括如何分辨什么是圣的、什
么不是圣的。哪里欠缺这种教导的传授和领受，那里必有属

灵的灾难随之而来。

失落的一块拼图

以教会对圣洁的了解而言，有一块重要的拼图失落了，那就是禁食的操练。少了这一块，教会对于神的圣洁就无法有完整的概念。与这块失落的拼图相连的，是代祷。我们少了为代求而禁食。我觉得以赛亚书五十九章就是当代社会的写照，它是这样说的：

公平转而退后，公义站在远处；诚实在街上仆倒，
正直也不得进入。（以赛亚书五十九章14节）

（衡酌目前的政局，我只能说：诚实在街上仆倒。）
经文接着说：

诚实少见；离恶的人反成掠物。（以赛亚书五十九
章15节上）

我相信我们离那种光景不远了。在今天的社会上，不见得只有积极或激进地推行正义的人才会受到逼迫，只消禁止自己作恶，别人就会注意到你，专找你的碴。诚实（真理）不见，远离恶事的人成了掠物，对此光景神作何反应？

那时，耶和华看见没有公平，甚不喜悦。他见无人
拯救，无人代求，甚为诧异，就用自己的膀臂施行

分别为圣

拯救，以公义扶持自己。（以赛亚书五十九章15
下-16节）

最后这一句准确地点出神对今日教会诸多方面的态度，
他见无人代求，甚为诧异。

用未泡透的灰抹墙

我们在以西结书廿二章看到类似的真理，凸显神看重代
祷。下面的经文提到四种人都犯了罪，他们分别是：先知、
祭司、贵胄和百姓。请注意，神第一个责问的不是贵胄—世
俗统治者，而是自称信靠他的人—先知和祭司。找到起因就
能找到问题的根源。世俗统治者或许作恶，但他们绝非邪恶
的主要来源。反而是这些声称代表神却言行不符的人，才是
问题症结。

让我们来看以西结书廿二章24节，耶和华神对先知以西
结说：

人子啊，你要对这地（以色列）说：你是未得洁净
之地，在恼恨的日子也没有雨下在你以上。

1950年代我在肯尼亚教导圣经，有位学生读到这节经文
后说出他的心得："唯有圣灵的雨能使这地洁净。"他的观
察令我至今难忘。一个未曾领受圣灵恩雨的土地，是未得洁
净的。接着神又说：

其中的先知同谋背叛，如咆哮的狮子抓撕掠
物。……其中的祭司强解我的律法，亵渎我的圣
物，不分别圣的和俗的，……其中的首领彷佛豺狼
抓撕掠物，……其中的先知为百姓用未泡透的灰抹
墙，……国内众民一味地欺压，惯行抢夺，亏负困
苦穷乏的，背理欺压寄居的。（25-29节）

我的感觉是，基本上教会正是用未泡透的灰为信众涂
墙，需降下大雨才能洗去。我们未曾面质罪恶、公义和责任
的基本问题。

以西结书廿二章29节说"国内众民一味地欺压"，请注
意，民众是最后被责备的一种人。我们可以指控亵渎者和那
些"罪人"，但他们是最下游的。问题的起源在先知，其次
是祭司一圣职人员。

站在破口防堵

接着来到以西结书廿二章的高峰：

我在他们中间寻找一人重修墙垣，在我面前为这国
站在破口防堵，使我不灭绝这国，却找不着一个。
（30节）

"却找不着一个"一多可悲啊！一个也没有。请注意，
神要寻找的人应具备两件事：第一、他要重修墙垣。以现代

分别为圣

文化来讲，自然阻隔的墙一般都拆除了一尤其是男女之间基本分隔的墙。这是创世以来就设立的分隔，我活到这把年纪亲眼目睹这道隔墙被拆毁，有时是借由立法。

神要寻找的人，不但要重建分隔的墙，还要恢复界限。第二、他要在神面前站在破口防堵一站在百姓和神的中间，作一个代求者。"代求者"意思是"站在二者之间的人"。

例如亚伯拉罕就是一个代祷者，他为所多玛城站在神面前代求。当神与两名天使造访亚伯拉罕的家，亚伯拉罕站在神和所多玛城之间跟神讨价还价，把义人的最起码人数从五十降到十。最后神说："只要我能找到十位义人，我就为那十人的缘故免了这城的灾。"很可惜，找不到十个，但是亚伯拉罕站在神和神发怒的对象之间，充分说明了什么叫代祷者一站在二者之间的人。（参见创世记十八章）

还有一种代祷者的图像，就是挺身而出为百姓站在神面前，说："神哪，你若要击打他们，就先击打我吧。"这就叫代求。

我们国家已经离神越来越远，越来越构不上神的标准和我们所知的公义，除非我们真正在他面前谦卑下来，求告他的怜悯，否则毫无盼望。在政客中间找不到盼望，甚至在教会领袖之间也找不到。盼望在谦卑的少数人中间，因他们以痛悔的心灵禁食代求。但如前所述，在教会里应该要看到这些圣洁公义的行为，可是却找不到。

舍己曾是十九世纪信徒领袖写作的主题之一，今天却连听也没听过。当年保罗敦促信徒："你们要……追求圣洁"

（希伯来书十二：14），那样的心境已今非昔比了。所谓追求就是以它为目标，全力奔赴。可能得奋力奔跑，可能得克服各种障碍，总之就是紧跟着目标不放。

　　如同我在前言提到的，老实说我想不起来曾经服事过或待过的团体中，有哪一群人是真正追求圣洁的，也许这是我的印象，也许你的意见与我不同。但在拙作《赶鬼与释放》中，我用一个比喻来说明当今教会对圣洁的心态。这比喻就是旅游套餐，曾有一度我与内人安排不少旅游团行程，所以对过程颇熟悉。你可以购买基本的旅游套餐，但若想要加些额外的行程就得多付点钱。假设有一个圣地旅游团的报价是某个金额，但若多缴两百元美金就可以搭船游尼罗河。游尼罗河是额外选项，可选可不选。

　　圣洁不是"额外"的，而是救恩不可或缺的一部分。

　　在今天的教会里，我相信有很多基督徒把救恩当作圣地旅游团，把圣洁当作可选可不选的尼罗河一游。圣洁被视为"额外"的，没有人要加钱买它。我无意抨击任何人；我只是客观地就个人的印象说。圣洁不是神的"额外"供应，而是他的救恩所"不可或缺"的，他要他的子民圣洁。事实上，圣洁应该是我们的识别证，下一章继续来谈。

第五章

神子民的识别证

圣洁应是神子民的识别证，在旧约和新约中都可以找到支持此前提的对应经文，以下就来看：

特殊珍宝

首先来看出埃及记十九章，神对他的百姓说：

如今你们若实在听从我的话，遵守我的约，就要在万民中作属我的子民，因为全地都是我的。你们要归我作祭司的国度，为圣洁的国民。（出埃及记十九章5-6节）

为了作属神的子民，我们必须有所不同一在圣洁上与众不同。经文"作属我的子民"在英文圣经中有"特别属我"之意，含有"独特的、与别的都不一样、有分别"的意思。

申命记十四章里有节经文，跟出埃及记的用语相同。申命记的要旨，在解析进入神所赐的产业并长居久留的条件，而且跟利未记一样非常强调圣洁：

> 因为你归耶和华——你神为圣洁的民，耶和华从地上
> 的万民中拣选你特作自己的子民。（申命记十四：
> 2）

这节经文指出属神子民的独特之处，在于他们是圣洁的
民。这个特质使我们高于万民，除非言行圣洁，否则我们的
生活达不到神所希望的境界。申命记廿六章18-19节很清楚
地说明此一真理，让我们先来看第18节：

> 耶和华今日照他所应许你的，也认你为他的子民
> 〔英王钦定本译"特别的子民"〕……

这里的"认"意思是"公开认定"，神公开认定他的子
民有别于世上万民。

> 使你谨守他的一切诫命，又使你得称赞、美名、尊
> 荣，超乎他所造的万民之上，并照他所应许的使你
> 归耶和华——你神为圣洁的民。（18-19节）

如果我们希望"超乎万民之上"就必须圣洁，此二者密
不可分。神希望他的子民活在更高的境界，而不是活在受仇
敌掌控和攻击的处境底下。他要我们作得胜的、掌权的子
民。但有个条件，就是要圣洁。

分别为圣

从旧约连贯到新约的圣洁条件

接下来要看旧约的这些要求，如何一字不漏地连贯到新约，在彼得前书中，使徒彼得引用了我们前面查考的旧约经文，他对信众说：

那召你们的既是圣洁，你们在一切所行的事上也要圣洁。因为经上记着说："你们要圣洁，因为我是圣洁的。"（彼得前书一：15-16）

彼得在此引述利未记的经文，本质上就是说："别忘了，应用在律法下以色列人的真理，也应用在你们基督徒身上。"接着来看彼得前书二章9节：

唯有你们是被拣选的族类，是有君尊的祭司，是圣洁的国度，是属神的子民……

以上每个词都取自我们前面查考过的旧约经文，只是把它们综合起来描述基督徒，这节经文也告诉我们为什么神以圣洁召我们：

唯有你们是被拣选的族类，是有君尊的祭司，是圣洁的国度，是属神的子民，要叫你们宣扬那召你们出黑暗入奇妙光明者的美德。（9节）

神是圣洁的，这启示永远激励我们起来颂扬他，一个不赞美神的人，就是对他的圣洁完全没有概念。神的圣洁向谁启示，谁就必扬声赞美神。我们要"宣扬"他的美德，意思是我们要向周围的人展现神的性情与特质。

跳到启示录第一章，我们读到：

他爱我们，用自己的血使我们脱离罪恶，又使我们成为国民，作他父神的祭司……（5-6节）

"国民与祭司"就等于旧约所说的"祭司的国度"（出埃及记十九：6），其实祭司的国度更贴近字面意义，相同的思想也出现在启示录第五章：

他们唱新歌，说：你配拿书卷，配揭开七印；因为你曾被杀，用自己的血从各族、各方、各民、各国中买了人来，叫他们归于神，又叫他们成为国民，作祭司归于神，在地上执掌王权。（启示录五：9-10）

借着神的供应，每一位信徒都可以作君王和祭司，君王的作用是什么？执掌王权。祭司有什么作用？有双重作用：献祭和代求。作为在基督里的信徒，我们已经成为祭司的国度，要执掌王权，要献祭和代求。不是期待将来再做，而是已经发生，因为我们已经归入基督、归入他的圣洁了。

请注意这些旧约和新约的经文相互应和："你们要圣洁，因为我是圣洁的。"（利未记十一：45）彼得前书一章

分别为圣

16节的"你们要圣洁，因为我是圣洁的"就是从这里引述的。出埃及记十九章6节的"祭司的国度、圣洁的国民"连贯到启示录一章6节和五章10节："国民与祭司"，这几处经文用语相同。还有，申命记廿八章18-19节和彼得前书二章9节的观念也是一致的："是被拣选的族类，是圣洁的国度，是属神的子民"。

我们很清楚的看到，神子民的识别证就是圣洁，由圣洁可见，我们这些属他的人超乎万民之上。

<u>第六章</u>

我们当洁净自己

本章要把焦点放在新约中强调圣洁的两卷书，先从使徒保罗的书信看起，首先来看哥林多后书七章：

> 亲爱的弟兄啊，我们既有这等应许，就当洁净自己，除去身体、灵魂一切的污秽，敬畏神，得以成圣。（1节）

保罗在此向基督里的信徒提出一个挑战：当洁净自己。请注意，责任是在我们身上，这点说得很清楚。是我们得去做的。我们必须作完全人、圣洁的人，要"敬畏神"。

另，观察这节经文也让我们看到，要在两方面除去污秽、洁净自己：除去身体、灵魂一切的污秽。身体的污秽是指明显可见的血气之罪—奸淫、醉酒、亵渎神等等。而灵魂的污秽是指神所憎恶的、与撒旦的国互动往来：如行邪术，寻找超自然的邪灵势力，其形式包括：算命、占卜、巫术、交鬼、祭拜偶像等。圣经特别强调这类互动的行为就是在属灵上"犯奸淫"（参见哥林多前书十：19-23）。在神看来

分别为圣

这比身体上行奸淫更加严重。圣经说，依照神的应许，我们有责任在这两方面洁净自己—身体上和灵魂上。如此洁净自己，我们就"敬畏神，得以成圣"。

洁净的理由

让我为你指出哥林多后书七章1节起头有两个字："因此"。中文和合本译为："因此，我们既有这等应许……"，我常说如果你读英文圣经看到"因此therefore"，就要回溯原因是什么，而这节的"因此"指的是哥林多后书六章最后所引用的旧约的应许，特别是最后两节：

> 又说：你们务要从他们中间出来，与他们分别；不要沾不洁净的物，我就收纳你们。我要作你们的父；你们要作我的儿女。这是全能的主说的。（哥林多后书六：17-18)

神收纳我们的条件是，我们要从世人中间出来，与他们分别，不要沾不洁净的物。

之后，如我们已看到的，保罗接着说：

> 亲爱的弟兄啊，我们既有这等应许，就当洁净自己，……敬畏神，得以成圣。（哥林多后书七：1)

换言之，基于神的应许和要求，我们要活出完全圣洁的生命，以显示我们敬畏神的心。

"成为圣洁、无可责备"

接下来让我们看帖撒罗尼迦前书几节关于圣洁的重要经文。帖撒罗尼迦的信徒在许多方面堪称信徒的典范，他们欢欢喜喜地归入基督名下，兴奋之情溢于言表，生活方式也彻底翻转，时常为基督作见证，将神的道传到周围地区。但别忘了，从前他们信奉异教、道德卑下，有很多关于神的真理他们还未认识到。假使你不了解这点，那么保罗以下要告诉他们的话，可能会令你惊讶。

保罗必须向他们强调的一个真理，就是圣洁或成圣的原则。对此原则他们了解不多，所以在帖撒罗尼迦前书里，你会看到成圣的主题贯穿整封书信。我们要用三节经文来查考这个主题，首先来看帖撒罗尼迦前书第三章，保罗对这些信徒的心愿和祈祷：

> 又愿主叫你们彼此相爱的心，并爱众人的心都能增长，充足，如同我们爱你们一样，好使你们当我们主耶稣同他众圣徒来的时候，在我们父神面前，心里坚固，成为圣洁，无可责备。（12-13节）

圣洁的教导总是与基督快来的期盼相连。

主耶稣基督再来，是保罗深切期盼的大事，我相信如果

57

分别为圣

你以敞开的心胸读新约的话，必会发现这个重要的真理：圣洁的教导总是与基督快来的期盼相连。新约的信徒时时刻刻期盼耶稣赶快再来。因此这就是他们追求圣洁和维持圣洁生活的最大动力。

我相信除非怀抱着和他们相同的期盼，否则不能像他们一样活在圣洁中。约翰壹书三章2-3节讲到，信徒是因着盼望主再来而洁净自己：

> 亲爱的弟兄啊，我们现在是神的儿女，将来如何，还未显明；但我们知道，主若显现，我们必要像他，因为必得见他的真体。凡向他有这指望的，就洁净自己，像他洁净一样。

记得我曾与一位出身保守宗派、亲切和善的师母谈话，她受过圣灵的洗。我和她谈到这个主题，我说主再来非常近了。她以温柔和蔼的口吻试图让我冷静，叫我别太过兴奋，"一千年前的人就这样相信过，韦斯利时代的人也这样相信，整个教会历史上有很多人信，可是主的再来到现在还没发生。"我回答："然而，我相信他要再来，而且快要再来了。"

这位姐妹并未跟我争辩，而我真的认为我那样的回答是讨主喜悦的，那晚我满怀平安地就寝，隔天早上还收到一点额外的奖赏。我醒来时心里有个声音说："耶稣快要再来了。"跟你老实讲也无妨，我在那刻的兴奋程度是前所未有的。

从那刻起，我更强烈地跟主求一件事，叫我永不失去对耶稣快要再来的确信。相信我，圣洁生活的真正动机就是这个。保罗其实是说："别忘了，你们即将面见耶稣。想象一下，在那伟大的时刻，你将如何与他面对面。"保罗在帖撒罗尼迦前书三章13节所描述的就是这份动力："好使你们当我们主耶稣同他众圣徒来的时候，在我们父神面前，心里坚固，成为圣洁，无可责备。"

容我重申，耶稣基督的再来，是个人成为圣洁的最大动力。请留意前面那节经文讲到圣洁的起点，以心里为起点。神最宝贵的工作永远是从心里开始。

干净的器皿

帖撒罗尼迦前书的下一章，保罗继续谈到与身体相关的圣洁：

神的旨意就是要你们成为圣洁，远避淫行；要你们各人晓得怎样用圣洁、尊贵守着自己的身体。（帖撒罗尼迦前书四：3-4）

如前述，我们可能会有点惊讶，保罗竟告诉信徒不可以再随便犯奸淫的罪。但那些信徒可是出身异教的背景，信主以前根本不晓得十诫，更无公认的道德标准。所以保罗必须告诉他们，基督徒是不可以犯奸淫的。今日有些人给这种行为一个时髦的名称："婚前性行为"，但真理依然适用。

分别为圣

第4节说："要你们各人晓得怎样用圣洁、尊贵守着自己的身体。"这里"自己的身体"原文是"自己的器皿"。这什么意思？保罗其实是指着我们的身体说的："作为基督徒，你必须知道如何保守你身体的圣洁与尊贵，像保持器皿洁净那样。你必须学习如何保守自己的身体纯洁、干净、健康，随时供圣灵使用。"

你的身体是尊贵的、是神美好的创造，目的是要作为圣灵的殿（参见哥林多前书三：16，六：19），维持此圣殿在最佳状态是你的责任，从任何观点看，都要维持最佳状态，举个例子，我认为只要你是真诚的信徒，就不能够轻忽自己身体的健康，因为身体与神的圣洁旨意紧密相连。

你的身体是神美好的创造，目的是要作为圣灵的殿。

保罗在罗马书也有类似的训诲："也不要将你们的肢体献给罪作不义的器具；倒要像从死里复活的人，将自己献给神，并将肢体作义的器具献给神。"（六：13）我不赞同任何人以任何方式故意破坏身体的状况。圣洁不只是一串"不可做"的清单，这是我在本书中一再强调的。但实际上，导致身体状况恶化的任何事情，都不是圣的——不管是什么事。

全然成圣

最后要检视的经文在帖撒罗尼迦前书第五章，保罗在此又回到圣洁的主题，并用全本圣经最荣耀的一句话作总结：

愿赐平安的神亲自使你们全然成圣！（23节）

全然意思是"完全地"或"彻底地"。某些宗派强调"全圣",其出处无疑就是这节经文。若正确地了解,全然成圣是圣经的教义。却不可与"全然无罪"的极端教导混淆,圣经可没有教导"全然无罪"。保罗在此祷告祈求神使信徒全然成圣,完全地、彻底地。接着,他把这句话的意思作了具体的阐释:

> 又愿你们的灵与魂与身子得蒙保守,在我们主耶稣基督降临的时候,完全无可指摘!那召你们的本是信实的,他必成就这事。(帖撒罗尼迦前书五:23-24)

请再次注意个人成圣的动力,就是我们主耶稣基督再来。从这事来看,保罗所奉的使命,就是叮咛你要保守自己—灵魂体—洁净、纯洁,随时预备好迎见主。成圣应用在生活的各个领域。当耶稣再来的时候,你要以完全的品格来迎见他。你的性格需要成圣、圣洁、分别出来归给神为圣。

第七章

神是圣洁的启示

本章将揭开约伯记所描述，神至高至圣的启示。内人路得与我常一起查考约伯记，每次都收获良多。有一次我们刚把全书又读过一遍后，我有感而发说："没有人能解释上帝。"我相信这一点非常重要，要充分地解释神是不可能的。他不能测透，他是全然至高的神。

我对至高的定义是：神做他想做的，按他想要的时间，照他想要的方式，无需请教任何人的允许。相形之下，当代文化的心态却是："唉，假如神要做什么事，总是需要我点头许可吧。"容我重申，抱持这种想法的人，总有一天会猛然惊醒。

神在我们生命中至高无上

当我默想约伯的经历，其中一项惊人的发现是，神对待约伯的方式实在太奇妙了。从某方面来看，神把约伯交给撒旦，说："撒旦，你可以做到这里，但是不许超过。"撒旦虽控制约伯生命的负面情况，但我们要认清一个事实，撒旦只能做神允许的事。

神的最终目的是带约伯进到与他面对面、领受启示的境界。

还有一项惊人的事实，约伯是他那个时代的义人排行榜第一名（参见约伯记一：8）。那么，神让他遭遇那么多事情有什么目的？我的看法是这样的，撒旦每一件使坏的事，都被神用来使约伯进到与他面对面、领受启示的境界，这就是最高的目的。

让我们花点时间思考，神费了什么样的工夫让约伯与他面对面相遇。

乌斯人

> 乌斯地有一个人名叫约伯；那人完全正直，敬畏神，远离恶事。……耶和华问撒旦说："你曾用心察看我的仆人约伯没有？地上再没有人像他完全正直，敬畏神，远离恶事。"（约伯记一：1、8）

这几节经文包含几个令人想不到的事实，第一，撒旦竟得以进到神面前。有时他的确可以，我不得不接受这个事实。但更令人惊异的是，耶和华神竟对撒旦提到约伯："你有没有见过像他这样的人啊，撒旦？"

想当然耳，撒旦嘴里吐不出好话，他的答话意思是："瞧他多享受啊，你无微不至地眷顾他，为他提供一切。"

63

分别为圣

于是神说："好，你可以把那些都拿走，但是不可伸手加害他。"

我们来看看起先约伯拥有什么，后来失去了什么：

> 他的家产有七千羊，三千骆驼，五百对牛，五百母驴，并有许多仆婢。这人在东方人中就为至大。
>
> （约伯记一：3）

这一切财产都被撒旦毁掉，瞬间归于乌有—不只是牲畜，连照顾牲畜的仆婢也几乎全部丧命。在14-15节我们读到：

> 有报信的来见约伯，说："牛正耕地，驴在旁边吃草，示巴人忽然闯来，把牲畜掳去，并用刀杀了仆人；唯有我一人逃脱，来报信给你。"

五百对牛和五百头母驴都被夺走，照顾牛驴的仆人全被杀，只剩一人活命。接着第16节又说：

> 他还说话的时候，又有人来说："神从天上降下火来，将群羊和仆人都烧灭了；唯有我一人逃脱，来报信给你。"

七千头羊全没了。这里我要提一件事，"神从天上降下火来"其实是撒旦所致，并非神从天降火；那只是从人的角度说的。

一样只剩一名仆人存活。第17节我们读到：

他还说话的时候，又有人来说："迦勒底人分作三
队壂然闯来，把骆驼掳去，并用刀杀了仆人，唯有
我一人逃脱，来报信给你。"

三千头骆驼被劫走，而且同样只剩一个仆人活命，其余
全被杀。最后我们看到18-19节说：

他还说话的时候，又有人来说："你的儿女正在他
们长兄的家里吃饭喝酒，不料，有狂风从旷野刮
来，击打房屋的四角，房屋倒塌在少年人身上，他
们就都死了；唯有我一人逃脱，来报信给你。"

这一下子约伯失去了七个儿子三个女儿。我常对人说，
假如有狂风猛刮房屋的四角，那背后肯定是撒旦作祟。我们
需要留意一件事，撒旦可用的资源比我们想象得多。

在约伯记二章，我们看到魔鬼在做完这一切之后，回到
神面前。

耶和华问撒旦说："你从哪里来？"撒旦回答说：
"我从地上走来走去，往返而来。"耶和华问撒旦
说："你曾用心察看我的仆人约伯没有？地上再没
有人像他完全正直，敬畏神，远离恶事。你虽激

动我攻击他，无故地毁灭他，他仍然持守他的纯
正。"撒旦回答耶和华说："人以皮代皮，情愿舍
去一切所有的，保全性命。你且伸手伤他的骨头和
他的肉，他必当面弃掉你。"耶和华对撒旦说：
"他在你手中，只要存留他的性命。"于是撒旦从
耶和华面前退去，击打约伯，使他从脚掌到头顶长
毒疮。（2-7节）

长毒疮就像在伤害之外加上羞辱。以上这段经文刚好清
楚证明一件事：疾病的起因有可能是撒旦。我可没说撒旦是
唯一的因素，不是所有疾病都是撒旦引起，但他是致病原因
之一。

我们来总结一下，为了让神的旨意行在约伯身上，他被
拿走了哪些东西：五百对牛、五百母驴和照顾这些牲口的所
有仆人（仅存一人），七千头羊和所有牧羊的仆人（仅存一
人），三千头骆驼和所有的仆人（仅存一人）。接下来是约
伯的所有子女：七个儿子和三个女儿。这些祸事都是在神的
允许下发生的。我不知问过自己多少次："神的用意究竟是
什么？"据我的了解，他的用意是要把自己启示给约伯看，
他在预备约伯迎见这启示。

神把他自己启示给你

从圣经记载的这件事让我看到，神看事情和我们不同。
因为他非常看重这一个人，他愿意牺牲所有那些事情。神绝

非不公平，也绝非不义。但是凡他所做的，必有目的—必有他的旨意，纵使我们不一定了解。

我想把这点说得更清楚些，因我认为此真理在较小的程度上也应用于你。有时你可能会想：为什么这种事会发生在我身上？为什么我会碰到这些遭遇？为什么神让这种事发生？别人好像都没碰到我这种问题。（我确定你不曾有过像我这种感受！）

凡他所做的，必有目的—必有他的旨意，纵使我们不一定了解。

许多的情况是，我们遭遇困境的原因跟约伯相同，只是我们的经历跟约伯毫无相似之处。然而，神允许我们遭遇各种试炼、考验，和其它我们一点都不乐见的情况。这些艰难、困苦很难熬，也不易了解。但是神允许，因为他想要带我们到他能把自己启示给我们的境地。

约伯经历一切之后的结果

1. 约伯持守他的纯正

接着来看约伯经历一切之后的结果。首先，他在这么多压力和患难中，从头到尾依然维持纯正，约伯说：

> 然而他知道我所行的路；他试炼我之后，我必如精
> 金。我脚追随他的步履；我谨守他的道，并不偏
> 离。他嘴唇的命令，我未曾背弃；我看重他口中

的言语，过于我需用的饮食。（约伯记廿三：10-12）

所谓的朋友，无不试图说服他必定是做错了什么，所以才遭遇这一连串不幸，但约伯严辞拒绝此理。惊奇的是，神亲自见证了约伯的纯正，甚至在约伯遭遇患难之前他就说了：

乌斯地有一个人名叫约伯；那人完全正直，敬畏神，远离恶事。……耶和华问撒旦说："你曾用心察看我的仆人约伯没有？地上再没有人像他完全正直，敬畏神，远离恶事。"（约伯记一：1、8）

耶和华问撒旦说："你曾用心察看我的仆人约伯没有？地上再没有人像他完全正直，敬畏神，远离恶事。你虽激动我攻击他，无故地毁灭他，他仍然持守他的纯正。"（约伯记二：3）

到最后一切都结束时一只除了不可取去约伯性命以外，撒旦被允许使出的伎俩全部使尽一耶和华神见证了约伯的纯正：

耶和华对约伯说话以后，就对提幔人以利法说："我的怒气向你和你两个朋友发作，因为你们议论

我不如我的仆人约伯说的是。现在你们要取七只公
牛，七只公羊，到我仆人约伯那里去，为自己献上
燔祭，我的仆人约伯就为你们祈祷。我因悦纳他，
就不按你们的愚妄办你们。你们议论我，不如我的
仆人约伯说的是。"（约伯记四十二：7-8）

尽管约伯遭遇一连串不幸，神仍然说他是纯正的。然
而，神对约伯的朋友们说的话，其实意思是："你们这些宗
教的伪善者，只会把宗教挂在嘴巴上！你们需要悔改。"但
你有没有注意到，神并未要求约伯悔改，反而明确地说，约
伯是正直的。

2. 约伯与圣洁的神面对面时就悔改了

神竟显现并亲口宣布约伯是正直的，这件事太叫人惊奇
了！但在约伯与神面对面的经历中，我们从约伯的态度看到
一个更深的原则：圣洁的原则。请看约伯在领受神亲自的启
示之后，说了什么：

求你听我，我要说话；我问你，求你指示我。我从
前风闻有你，现在亲眼看见你。因此我厌恶自己
（或译：我的言语），在尘土和炉灰中懊悔。（约
伯记四十二：4-6）

这是一个正直的人，是神亲口证实的。但是当他来到神
面前，却说："我厌恶自己。"他见到了什么？我相信他见

分别为圣

识到神的圣洁，相形见绌之下，约伯不得不悔改，他不得不
谦卑下来。我相信这就是神让约伯经历这一切的最终目的，
他要把约伯带到与他面对面、领受他亲自启示的境地。对我
而言，约伯记的意义就在此。

这也使我们的生命变得有意义。前面说过，约伯的经历
也可以应用在你我身上。就写作年代而言，约伯记是圣经中
最早写成的一卷书。最早写成的竟是一道谜题，是不是很有
趣？而且是一道奇妙的谜题：为什么像约伯这样的人——神亲
口认定的正直之人，竟然饱受苦难？

我们都曾经历各种困境、难题，许多时候我们根本不懂
为什么，也不了解所经历的事。可能你曾这样祷告："主
啊，为何你让我的妻子离开人世？"或是"为什么我的丈夫
离我而去？"或"为什么我的孩子这样令人失望？"在痛苦
中我们都曾向神发出类似的疑问。

但我相信神会使用我们的艰难，把我们带到更认识他、
更合乎他使用的境地。保罗在路司得传福音却被人用石头
打，在那次经验之后他和巴拿巴对信徒说："我们进入神的
国，必须经历许多艰难。"（使徒行传十四：22）任何绕过
艰难而不入的路，都不能带我们进入神的国。

圣洁是神赐与的

我查考圣经得到一个心得：神所赐最大的奖赏，就是他
自己的启示。但我们必须预备自己以迎接那启示。我们有许

多地方须先调整，第一优先是改变自己，然后才能领受启示。

圣洁是神赐与的，按着我们所能领受的程度所赐下的。

那是什么启示？就是他的圣洁。以人的标准来看，约伯是个纯正、正直的人。但是当他获得来自神的启示，就说："我厌恶自己（或译：我的言语），在尘土和炉灰中懊悔。"（约伯记四十二：6）这就是神的圣洁和我们靠自己努力，二者间的天差地别。这就是为什么圣洁并非只是一套好行为、积功德。圣洁是神赐与的，按着我们所能领受的程度所赐下的。

且让我再分享约伯记的另一真理：

> 这样，耶和华后来赐福给约伯比先前更多。他有一万四千羊，六千骆驼，一千对牛，一千母驴。他也有七个儿子，三个女儿（请注意这里牲畜的数目都是先前的两倍）。（约伯记四十二：12-13）

约伯从前拥有的都复原了，而且是加倍，除了儿女以外。此一事实显示了一项美好的真理。

记得我们有位好友的长女不幸死于船难，神对他说："你们没有失去她，只是她比你们先走。"照样，约伯并未失去他的儿女，所以儿女数目不需要加倍，他后来生的儿女和先前一样多，这就是领受双倍了。

也许你不禁要说："可是，约伯之前为他家人的代祷，

分别为圣

不都白费精力了吗？（参见约伯记一：4-5）你看他的儿女在一场灾难中全部死光了。"但容我再说，他们未曾被抹灭。这真理十分重要，请务必了解。我们并未失去亲人，假如他们在基督里的话。他们只是比我们先走一步。假若我们持守真理，最后我们也会去他们所去的地方，我说"假若我们持守真理"是因就个人而言—或许这有点争议性—我不认为我理所当然会上天堂，我必须遵守条件直到最后一刻。但靠着神的恩典，我相信我必能上天堂，我相信你也会。但请不要以为理所当然，不要变得随便或自以为义。

为过去经历的艰难找答案

本章所讨论的都与圣洁的启示有关。神的圣洁不能解释也无法定义；只能由启示而知。我们预备自己到什么程度，他就能把多少程度的圣洁启示给我们。

容我重申，你所经历的试炼、考验或许你并不了解，许多时候你向神呼求："为什么？"我没有办法为你解释原因，但大有可能是，在这一切事情当中有神的用意，因为他渴望带你进到领受他圣洁启示的境地。

结束本章之时不妨花点时间安静，让神来提醒我们过往的事，想想你吃过多少苦和失望，然后你可以问神："神啊，你让这些事情发生，究竟有什么用意呢？"

我想世上没有一个人不曾经历失望。基本上，我的人生是蒙福的，但我当然也有过失望，不太多就是。然而，有些

第七章 神是圣洁的启示

人经历过无人了解的痛苦、失望与试炼，我已学会与他们认同。我不得不说，我没办法为你解答为什么你有那些人生经历，你只能到一位那里找到答案，就是神。

但如果你愿意相信他是绝对公义、他满有慈爱怜悯，那么你就对你所经历的患难有完全不同的看法。你就能看出，原来那些事都在带领你到神面前，领受他圣洁的启示。那时你就能像约伯一样，经过一切而终于得胜！

第八章

神的管教／丰盛的生命

当我们继续探讨圣洁与神的管教目的之关系时，请将目标牢记在心，神希望我们经历丰盛的生命（参见约翰福音十：10），而迈向丰盛生命有一个极其重要关键，就是他的管教。

从这方面看，让我以圣经中一节美好的经文来宣告：

敬畏耶和华的，得着生命；他必恒久知足，不遭祸患。（箴言十九：23）

这么好的事，你能推却拒绝吗？许多基督徒一想到敬畏神就畏缩起来，殊不知敬畏神和接受神的管教，可使我们的生命更加丰盛。

有份于神的圣洁

既然神要我们圣洁，那么想当然耳，他必提供方法让我们达到圣洁。而顺从他的管教是其中一个方法，因为他是我们慈爱的天父，所以他管教。关于这主题，我们要来看希伯来书的几节经文。

> 那忍受罪人这样顶撞的，你们要思想，免得疲倦灰心。你们与罪恶相争，还没有抵挡到流血的地步。你们又忘了那劝你们如同劝儿子的话，说：我儿，你不可轻看主的管教，被他责备的时候也不可灰心；因为主所爱的，他必管教，又鞭打凡所收纳的儿子。你们所忍受的，是神管教你们，待你们如同待儿子。焉有儿子不被父亲管教的呢？管教原是众子所共受的。你们若不受管教，就是私子，不是儿子了。再者，我们曾有生身的父管教我们，我们尚且敬重他，何况万灵的父，我们岂不更当顺服他得生吗？（希伯来书十二：3-9）

生命的关键在于顺从"万灵的父"，如果你不顺从他，就真的无法知道神要赐给你何等丰盛的生命了。

合法的儿女

让我们再来看希伯来书十二章10节，将地上父亲的管教与父神的管教作个比较：

> 生身的父都是暂随己意管教我们……

75

分别为圣

这意思并非指作父亲的都以处罚儿女为乐，只是说他们照着自认为最好的方式管教儿女。有件事相信大家都会点头称是：有时地上的父亲管教儿女的方式，不一定是聪明或正确的。然而，通常他们会尽力而为就是了。

希伯来书的作者接着说：

唯有万灵的父管教我们，是要我们得益处，使我们在他的圣洁上有分。（希伯来书十二：10）

请注意所有管教和纠正的目的，都是要"使我们在他的圣洁上有分"，这是神管教的终极目标。神在我们生命中的插手和控制，最终都是为了导向此目的。

我见过很多信主十五、二十年的基督徒抱持这样的心态："神不需要再纠正我什么了。"其实神需要纠正你我，直到我们在他的圣洁上有分。只要这个目的未达成，我们仍要顺从管教与纠正。

接下来第11节说：

凡管教的事，当时不觉得快乐，反觉得愁苦；后来却为那经练过的人结出平安的果子，就是义。

这里翻译成"经练"的希腊文意思是"经过体能训练"，就如同接受严格的运动员训练计划，这当中有管教，意味着不管你身体抗拒、不想费力，也不要让肌肉酸疼，还是要咬牙撑过艰辛的锻炼。但训练的目的是培养体力、耐力、敏捷度和优良的表现。照样，尽管我们受管教时也会很痛苦，但是管教的目的，是要使我们在神的圣洁上有分。

圣洁不是一种选择

这段圣经接着又说：

所以，你们要把下垂的手、发酸的腿挺起来；也要为自己的脚，把道路修直了，使瘸子不致歪脚（或译：差路），反得痊愈。你们要追求与众人和睦，并要追求圣洁；非圣洁没有人能见主。（希伯来书十二：12-14）

根据这段圣经，圣洁不是你可选择的，它是在完整的救恩之内不可或缺的。多年来，基督徒给人一种非常错误的印象，有时我们误导别人相信"得救"就够了，假如他们想要再进一步领受圣灵的洗、追求成圣，那是进阶的选修课程。这种观念根本不合乎圣经，神的话说得很清楚：非圣洁没有人能见主。

得救是一种生活方式，是前进的、开展的、持续不断的。

我们还给人另一种错误印象是，得救是一种静止状态，我们等于是告诉别人说："保持得救的最佳做法就是坐在教会里，这样就高枕无忧了。"救恩并非静止状态，任何希望

分别为圣

安全地坐在教会里的人，其实非常不安全。

得救是一种生活方式，是前进的、开展的、持续不断的。作为五旬宗传道人，多年下来我可以这样说：以救恩的要义而言，五旬宗信徒和浸信会信徒常常误导神的百姓。许多很棒的基要派信徒和五旬宗信徒自称已"得救"，其实是远离神的救恩的。你说："我是在1953年得救的。"对此我的回答是："神赐福你，弟兄，但现在已经几十年过去了，这当中发生什么事？"

假若自你进入救恩之后灵命就不曾成长，那可真像个怪物啊。假如你一点进步也没有，那么现在"得救"一词就不再适用于你。容我重申，根据圣经，我们天天持续朝向有分于神的圣洁之终极目标前进。

我为许多亲爱的弟兄姐妹悲叹，他们被神管教却不自知，只因他们的神学教导告诉他们没有那种事。真是悲哀！我为此深深担忧，不顺从神的管教是很严重的事。

另一个说明此原则的经文在箴言四章18节：

但义人的路好像黎明的光，越照越明，直到日午。

如果你走在义路，那么你的路会一天比一天更加明亮。假如你仍行在昨天的光中，就表示你今天退后了。在神里面没有停止点，直到你抵达最终目标。而那目标就是，再次重申，"在他的圣洁上有分"（希伯来书十二：10）。

人对神的管教有两大常见错误

为何神要管教我们？以下要深入探讨这个问题。你还记得希伯来书作者怎么说？

> 你们又忘了那劝你们如同劝儿子的话，说：我儿，你不可轻看主的管教，被他责备的时候也不可灰心；因为主所爱的，他必管教，又鞭打凡所收纳的儿子。（希伯来书十二：5-6）

对于神的管教有两种常见的错误心态。有些人轻看主的管教，说："我不信神会那样对我，因为神不会那样对待他的儿女，那不是出于神。我不相信，我不接受。"

还有一种人因所遭遇的环境而灰心失望，就说："唉，如果神要这样待我，我还有什么指望呢？为什么我竟遭遇这种事？你说这背后有神的意思？我承受不了，太重了，我放弃。"意思其实是："干脆让我躺在地上，让魔鬼从我身上踩过去。"

与以上两种错误形成对比的是，我们要记得被责备、被纠正、被管教都证明我们真的是神的儿女。如果没被管教，那我们就有祸了，神没有把我们当儿女对待。

希伯来书作者还说，生身的父管教我们，我们尚且敬重他。可惜在今日往往不是这样了，我观察到许多父亲根本不管教子女。神的恩典使我成为一家之长，我目睹孩子们各种

分别为圣

成长方式，容我这样说吧，如果你希望子女人生坎坷崎岖，那就宠溺、惯坏他们吧，那样他们肯定无法适应人生。没被管教的孩子会以为别人都会像他们父母一样对待他们，但人生的规则不是那样的。

小孩子需要的首先是爱，第二是管教，缺一就无效，不论是缺少爱或缺乏管教都不行。我看到有些父母为孩子铺排了一条艰难的人生路一因为缺乏出于爱的管教，实在令我忧心。

如何回应神的管教

当神责备或管教我们时当如何回应，在希伯来书十二章12-13节说：

> 所以，你们要把下垂的手、发酸的腿挺起来；也要为自己的脚，把道路修直了，使瘸子不致歪脚（或译：差路），反得痊愈。

这两节经文用这么多字告诉我们，勿陷于自怜。记得第一次参与赶鬼，在许多被赶出的邪灵中，有一个自称为"自怜"。我一听当场恍然大悟，心想：我终于了解为什么那么多人一直无法得到自由，就是因为被这个自怜的邪灵给捆绑住。他们可能这样说："我好可怜，我不应该有这种遭遇，慈爱的神不会让他的儿女遭遇这种事的，我得斥责魔鬼。"于是很多人白费时间斥责魔鬼，其实该做的是顺服神。如果你不去顺从神的环境却斥责魔鬼，反而会被魔鬼嘲笑。我认为管教是让神检视我们的机会。我只能这样说，让我们顺从神的检视吧。

很多人白费时间斥责魔鬼，其实该做的是顺服神。

我从小在英国长大，但我常发现自己为美国的属灵状况深感忧伤。对此状况的属灵反应是什么？坦白讲很简单，就是需要在全能神的面前谦卑自己，大卫说："我……禁食，刻苦己心。"（诗篇三十五：13）不操练禁食却想经历个人突破，我认为是不可能的。我也不信会有任何大复兴临到，除非神的百姓谦卑己心、禁食祷告。透过禁食的谦卑是一个很棒的工具，因为骄傲是人心的通病，我们心里都有骄傲，骄傲是天性，自大、自负、自私、自我中心都是天性。而我们必须改变，对付我们狂妄自我的一个方法就是透过禁食、刻苦己心，使自己谦卑下来。

我常想到一位在华盛顿特区执业的律师，他听过我关于禁食的教导，于是决定了某一天要禁食，结果那天过得很辛苦，每次经过餐厅或任何贩卖食物的地方，都有股想走进去的冲动。那天晚上，（以他受过法律训练的头脑）他训斥他的肠胃："今天你给我一大堆麻烦，为了惩罚你，明天我还要禁食。"对付不听话的肠胃，就是应该这样。

我的重点是，需要采取正面积极的行动，当我们被神管教时不要屈从于自怜，而是需要检视自己、接受管教、采取适当的行动，使我们与神的关系更进深。

分别为圣

自省的重要性

接下来要深入探讨一个重要的题目，就是自省与管教的关联性。如同前面所指出的，许多基督徒的态度是："我服事神这么久，有那么多成果，所以我不可能需要被神管教。"如果你自认为不需要管教，那么你正需要被神管教。

让我们来看保罗对于圣餐的训勉，也是整个福音的焦点重心：

> 我当日传给你们的，原是从主领受的，就是主耶稣被卖的那一夜，拿起饼来，祝谢了，就擘开，说："这是我的身体，为你们舍（有古卷：擘开）的，你们应当如此行，为的是记念我。"饭后，也照样拿起杯来，说："这杯是用我的血所立的新约，你们每逢喝的时候，要如此行，为的是记念我。"你们每逢吃这饼，喝这杯，是表明主的死，直等到他来。（哥林多前书十一：23-26）

多么荣幸我们竟能表明主的死，虽然我并不想将此模式硬套在任何人身上，但因为我和内人路得经常四处奔波迁移，所以我们夫妻每天早晨一起领圣餐，如此我们天天有荣幸表明主的死。信徒不会永远领圣餐的，只持续到主再来为止。领圣餐是持续地提醒我们，主必再来。我们要继续守圣餐，直等到他来。

第八章 神的管教／丰盛的生命

接着上述经文，保罗提出非常重要的真理，从哥林多前书十一章27节开始，他说：

> 所以，无论何人，不按理吃主的饼，喝主的杯，就是干犯主的身、主的血了。

这番话极其郑重且严重，不妨将"干犯"译成"要向……负责"。换言之，一旦领了圣餐，就是表明我们知道耶稣死了、流出宝血、救赎我们。之后，我们就要为我们所认识的真理负起责任。

保罗紧接着说：

> 人应当自己省察，然后吃这饼、喝这杯。（28节）

应当自己先省察，然后领圣餐，这是某些宗派通常的惯例，虽然有时在做法上显得非常律法主义，但就其根本而言是合乎圣经的。我认为每一个领圣餐的人至少应该好好地花点时间省察自己的灵命状况。就此而言，领圣餐是非常健康的属灵操练，因为那让你再次省察内心。我们不能过一天算一天、随随便便，自以为跟神关系不错，跟其它肢体关系也很好。每次领圣餐都应该好好省察自己，所以保罗写道：

> 人应当自己省察，然后吃这饼、喝这杯。因为人吃喝，若不分辨是主的身体，就是吃喝自己的罪了。（哥林多前书十一：28-29）

分别为圣

如果你不分辨是主的身体就领圣餐，等于是在吃喝自己的罪—无论你是什么人，也无论你信主多久。时间不是限制，我信主多年神依然管教我。我还没到达对管教免疫的成熟阶段。

我们有三种选择

保罗又告诉我们更多省察自己的理由：

因此，在你们中间有好些软弱的与患病的，死（原文是睡）的也不少。（哥林多前书十一：30）

"睡"是指未到期而死，什么原因呢？未能省察自己；他们没有自己审判自己。如果我们没有评估自己的灵命状况，有可能变得软弱、生病，甚至英年早逝。有些基督徒英年早逝的原因，正是他们对于主或主内肢体抱持错误态度，而很明显地那种态度很危险、代价高昂。有什么解决之道？

我们若是先分辨自己，就不至于受审（作者按：不至于软弱、患病，甚至早死）。我们受审的时候，乃是被主惩治，免得我们和世人一同定罪。（哥林多前书十一：31-32）

逻辑的想法告诉我有三种选择：第一、我们分辨（审判）自己并悔改；第二、我们被神责备然后悔改；第三、我们不悔改，所以跟世人一同定罪。

我不认为还有其它任何选项。每次我们领圣餐就面对这三种选择。

我们应将领圣餐视为诚实评估灵命状况的最佳机会。

我们应将领圣餐视为自我省察的最佳机会——诚实地评估我们的灵命状况，千万不要随便地或蛮不在乎地领圣餐。如果我们在领圣餐的当下自我省察，就不用让神来做这件事。如果我们自觉有罪，那么最佳行动就是悔改。如此，我们就不至于受主的审判。但若我们不愿意悔改，就会受审，被主惩治。若我们不悔改，神就会待我们如同待世人一样。这是完全合理的。

悔改的画面

今日教会面对许多问题，有个反应十分关键，就是悔改，我如此深信，并且我要给你看我对悔改的定义，或者说给你看一幅悔改的画面。假设你独自开车时走错了方向，逐渐逼近悬崖。悔改就好像踩刹车，停住。但是光这样还不够，你需要调转方向，朝反方向驶离。

关于这点我有个亲身经历可作生动地说明。1991年，由于我个人的愚昧，因忽视医嘱而罹患SBE，起初我不懂那是什么病，后来才知道是"亚急性细菌性心内膜炎"，心内膜发炎通常是致命的。事实上，在抗生素发现之前根本无药可治。

分别为圣

所幸为我看诊的是一位非常聪明机灵的医生，他迅速而正确地诊断，我立即开始为期六周的静脉抗生素注射。

住进医院的第一晚（那天我完全不知道自己会住院），我求问主："主啊，我一直在传讲医治，我相信医治的神迹。我曾蒙医治，也看过别人获得医治。但为什么我现在没有得医治？"我花了好一阵子才明白神的回答，因为他没给我任何言语，而是让我看到自己过往生活的一连串画面，几乎都是在餐厅的画面。

让我这样说吧，那时候我是一个受人敬重的五旬宗或灵恩派传道人，跟好些备受敬重的主内弟兄相交往来，但是没有人告诉我，我所做的是错的，除了神，他让我看到我非常放纵自我，而自我放纵是跟自我节制完全相反的，你不可能同时操练这两件事。但是神没有用大锤给我当头棒喝，而是让我看到一些小小的画面，当我思考那些画面时才开始明白真理。于是我说："主啊，我终于听懂你要告诉我的了。"

当我领悟神对我说的话之后，我做了一百八十度大转弯，我停住，掉头，自此往相反方向驶离。虽然有很多地方尚待努力，但起码我朝正确的方向走。当神对我说话时，大概距离祸患只剩五码吧！我大有可能冲下悬崖而死，虽然灵魂不至于沉沦失丧，但可能没资格作传道人了。

是采取行动的时候了

就属灵情况而言，现在你在哪里？是否像我们多数人一样需要向神坦承血气的罪、自我放纵的罪？保罗说过："情欲和圣灵相争，圣灵和情欲相争"（加拉太书五：17），结果就是，你不一定能够做你愿意做的，"这两个是彼此相敌，使你们不能做所愿意做的"（17节）。你是否正在勉强自己为神做某件事？若是，那么你肉体的情欲正在和圣灵相争，哪一边会赢？你的答案就代表你个人的重要抉择。

什么在控制你？什么在控制你的人生？是肉体的欲望吗？是你的口腹之欲？还是想要讨好人？

作过自我评估和求神鉴察之后，我们需要作个认定，我希望你好好想想什么在控制你？什么在控制你的人生？是肉体的欲望吗？是你的口腹之欲？还是想要讨好人？若是，你需要做个大回转，而且最好现在就回转过来。我唯一能做的是鼓励你作正确的决定。弟兄姐妹可以为你祷告，但你必须作出决定。这就是灵魂的本质，灵魂为自己作决定，没有人可以为别人的灵魂作决定。

U形大回转

就本章涵盖的内容来看，你或许想对你自己的真实状况作个认定，好比说："据我对自己的判断，我知道我是非常属血气的人，我在许多方面都受自己肉体欲望的催促和控制。我看到我需要作个U形大回转—我要停止，掉过头来，朝相反的方向走。"

如果这正是你的写照，也是你此时此刻的决定，那么我

分别为圣

邀请你将你所承认的情况都告诉主，也把你的需要告诉他。你不妨作以下的祷告：

主耶稣，我承认我已经被血气、肉体的情欲给控制了，我明白我令你忧伤了，我消灭了你圣灵的感动，令你忧伤。对不起，我要悔改。现在我要作个U形大回转，我要立刻停止，并且靠着你的恩典，主啊靠着你的帮助，我要调转方向。从今以后，我要走相反的方向，我不要再被肉体辖管。我要奉耶稣的名取回我自己身体的治理权，使其顺从神的灵。奉耶稣的名祷告，阿们！

现在，开口感谢敬拜神吧！还记得希伯来书的那段经文吗？神管教我们……

……是要我们得益处，使我们在他的圣洁上有分。凡管教的事，当时不觉得快乐，反觉得愁苦；后来却为那经练过的人结出平安的果子，就是义。所以，你们要把下垂的手、发酸的腿挺起来；也要为自己的脚，把道路修直了，使瘸子不致歪脚，反得痊愈。（希伯来书十二：10-13）

第九章

灵性之美

当我们继续在圣洁的主题上深入探讨，别忘了一件很有意思的事：在属灵领域上的圣洁和在自然领域上的美丽，是相互辉映的。换言之，在属灵领域上的特质可与一般认知的身体美貌相提并论，这就是圣洁的特质。任何在乎美丽的人，也在乎圣洁。简单讲，圣洁就是灵性的妆饰。

"圣洁的妆饰"

让我们看几段传递此真理的经文吧，首先来看诗篇九十三篇5节：

耶和华啊，你的法度最的确；你的殿永称为圣，是合宜的。

别忘了神的殿不是教会建筑物，而是神的百姓。不论哪一个世代，装饰神百姓的就是圣洁，他的百姓称为圣是合宜的，圣洁使他们显得美丽无比。神要求他的殿要圣洁。

分别为圣

接着，"圣洁的妆饰"在全本圣经出现很多次，包括以下经文：

当以圣洁的妆饰敬拜耶和华；全地要在他面前战抖！（诗篇九十六：9）

要将耶和华的名所当得的荣耀归给他，以圣洁的妆饰敬拜耶和华。（诗篇廿九：2）

我宁可选择内在的圣洁妆饰，而不要外表的优雅或健壮。

我跟各种各样的基督徒相处过，我发现有些人从外表看似乎并不起眼，却有相当程度的圣洁。举个例子，我认识一两位唐氏症宝宝，某方面讲他们很单纯。但是讲到以他们自己的方式认识神，他们可比我们绝大多数人都还要棒。他们有内在的圣洁之美（圣洁的妆饰），尽管外在有些异常，比方身体虚弱或扭曲。如果一定要选择的话（虽然神不会要我作这选择），我宁可选择内在的圣洁妆饰，而不要外表的优雅或健壮。我真诚期盼自己和别人有这种内在美，因为神所悦纳的敬拜，就是敬拜者以圣洁的妆饰敬拜他。

神的荣美大军

诗篇一一〇篇描绘一幅强烈又独特的画面，让我们看到在今生结束的时候，神的百姓会是如何。这是一幅教会从几世纪的黑暗、人文传统和错误当中出来的画面，神所带出的教会将是适合迎见新郎耶稣的新妇。虽然在诗篇一一〇篇第3节会看到针对这教会的描述，但是我们先来看第1、2节：

> 耶和华对我主说：你坐在我的右边，等我使你仇敌
> 作你的脚凳。耶和华必使你从锡安伸出能力的杖来
> （锡安是神百姓的聚集）；你要在你仇敌中掌权。
> （诗篇一一〇篇：1-2）

我们知道以上经文中的"我主"是指耶稣，这部分耶稣曾亲自解释（参见马太福音廿二：41-45）。这画面就是耶稣正在做的事，他的敌人仍在敌挡，但他从他子民的聚集中管辖那些敌人，他从锡安伸出他能力的杖，就是他的权柄。

接着第3节描述在这世代的末了，神的百姓是什么情况：

> 当你掌权的日子，你的民要以圣洁的妆饰为衣，甘
> 心牺牲自己（作者注：意思是"甘心祭"，完全献
> 上，放在神的圣洁祭坛上）；你的民多如清晨的甘
> 露。

我认为最令人心旷神怡的美景，莫过于清晨的阳光洒满青翠的草地。阳光乍现，每颗露珠就映照得闪闪发亮。属灵领域的圣洁就像那样。神的子民从"清晨的子宫"出来（译

分别为圣

注：英王钦定本），带着圣洁的妆饰，在这末后的日子大大
彰显神的荣耀与能力。

以圣洁为妆饰

最后来看新约一节非常美的经文，在彼得前书，是直接
针对姐妹们说的。请容我多说几句，我认为有些传道人倾向
于把圣经对妇女的教导说得太过，而对男士的教导却轻轻带
过，以致有些女士很容易对此偏倚产生负面反应，我可以理
解。所以，以下我会特别谨慎不犯同样的错。这节经文讲到
真正敬虔的妇女如何妆饰自己：

> 你们不要以外面的辫头发，戴金饰，穿美衣为妆
> 饰。（彼得前书三：3）

虽然我相信每个基督徒都应该保持外表的整齐干净，让
人可以接受，但真正的重点不在外表，第4和5节说得很明
白：

> 只要以里面存着长久温柔、安静的心为妆饰；这在神面
> 前是极宝贵的。因为古时仰赖神的圣洁妇人正是以此为妆
> 饰……

圣洁的妆饰就是"温柔安静的心"。

在人心中隐藏的内在需以圣洁为妆饰，就是"温柔安静
的心"，旁观者不一定懂得欣赏，但在神眼中却是极宝贵
的。

你想不想被神看为极宝贵？若有这渴望，何不作这个祷告？

父神，我为这篇有关圣洁的信息感谢你。你的话语清楚明白，直指人心。我愿向你的真理敞开心，我不要背弃真理，也不要抗拒恩典的灵。当圣灵指教我圣洁的道理时，我愿意聆听，也愿意谦卑己心。主啊，我知道你喜悦与心里谦卑、痛悔的人同住，所以我要为你的百姓、为我自己、也为别人祈求，愿从今天起，你会在我们里面看到圣洁的妆饰。主啊，我也要谨言慎行，使你得荣耀称赞。奉耶稣的名祷告，阿们！

第十章

神必供应我们追求圣洁之所需

在前一章我们检视了圣洁的本质一那是唯独神具备的性格，天下万物无一可与之相提并论。我们也关注到一个事实，神要求他的百姓圣洁，而当神有所要求时，表示他会使达到他的命令成为可能。为了使我们与他完美的性情有分，就是在他的圣洁上有分。他已将我们所需的供应赐下了，这就是本章的真理依据，非常重要，务必持守。

不断倍增的生命

首先来看彼得后书一章2-4节，我要阐述这段繁复的经文，但我会把它说得简单明白又符合现代人所需。

先说一句有点离题但满有趣的事，使徒彼得是渔夫，而使徒保罗原本是学生也是神学家，论到这两个人的书信，彼得用的语言比保罗细腻多了。依个人浅见，在初代教会的传道者之中，最杰出的不是保罗，而是彼得。保罗不是传道者，他在哥林多后书十章10节说，他的敌人批评他"气貌不扬，言语粗俗"。但是当你展读彼得书信时就会明白，他必是一个能言善道的人。在我们要查考的这段经文中就可看出他的这特质：

灵命不是静止的

愿恩惠、平安……多多地加给你们。（彼得后书
一：2）

再次重申，灵命不是静止状态，不是得救之后就安坐不动。基督徒的一生是要不断经历成长、增加或倍增的。如果你在灵性上没有这样的经历，那我要问你到底信主得救了吗？

从神来的恩惠平安是不断多多地加给我们的。

神所造万物没有一样是停滞—静止不动也无变化的。显然在基督里的信徒是神创造的高峰，因此最应该持续成长、增加、进步的就是基督徒的生命。彼得说："愿恩惠、平安……多多地加给你们"用意在此。从神来的恩惠平安是不断多多地加给我们的。

一切全赖认识神和耶稣

彼得说这恩惠平安是因"认识神和我们主耶稣"（彼得后书一：2），万事、万物都包含在认识神和耶稣基督里。在约翰福音十七章3节，耶稣说，认识真神就是永生。前面说过，人根本没有圣洁的概念，直到他开始认识神。我们在这里所讲的每一件事，总归一句话就是：个人直接地认识神

分别为圣

和耶稣基督。

在彼得后书一章3-4节，我们看到认识神的外显作用：

神的神能已将一切关乎生命和虔敬的事赐给我们，
皆因我们认识那用自己荣耀和美德召我们的主。因
此，他已将又宝贵又极大的应许赐给我们，叫我们
既脱离世上从情欲来的败坏，就得与神的性情有
分。

关于神的供应有四项真理

以上经文有四句话非常重要，两句在第3节，两句在第4
节。

1. 神的神能已将充足供应赐给我们

第一句就是："神的神能已将一切关乎生命和虔敬的事
赐给我们。"（彼得后书一：3）最重要的是注意这里的动
词时态显示行动的时间：不是将来会，而是已经赐给我们
了。神已经把我们今生和来世需要的一切都赐给我们了。不
论在时间内或在永恒里，神的神能已经完整供应我们了。我
们务必掌握这真理。

2. 供应因认识基督而来

彼得后书一章3节说："……皆因我们认识那用自己荣
耀和美德召我们的主（耶稣基督）。"这里的"认识"在希
腊文里有"认定"之意，换言之，我们在神的事上进深的能

力，是跟认定耶稣基督的程度成正比的。

让我在此声明：教会的合一不是靠讨论教义而来，事实上那反而造成分歧。教会的合一是靠认定耶稣基督，保罗说："直等到我们众人在真道上同归于一，认识神的儿子"（以弗所书四：13），此处的希腊文"认识"一样有"认定"的意思。换句话说，我们认定主耶稣基督的程度到哪里，在真道上合一的程度就到哪里。

相当清楚地，教义真理的每一方面就是耶稣基督和他的事奉的一个方面。你是因着认定耶稣是唯一救主而进入救恩，你是因着认定耶稣就是那医治者而进入医治的，你是因认定耶稣就是那施洗者而进入圣灵的洗，你是因认定耶稣就是救赎者而获得释放的。灵命的进深和信徒的合一，不是靠把教义分离出来加以争辩分析，而是靠认识主耶稣基督之所是。我们越多认识他就越在他里面合一，灵命经验也越进深。因此，彼得后书一章3节的下半句印证了一个真理：我们是因着认识耶稣基督而进入神的供应。

3. 供应就在神的应许里

彼得后书一章4节说到实际上如何进入神的供应，这一节的上半句说："他已将又宝贵又极大的应许赐给我们"，神的供应就在他的应许里。这真理极其重要，非了解不可。

所有信徒的完整供应就在神的应许里。我研究出一句口号，你也不妨大声念出来，先念给自己听，然后大声朗读，因为这样可以帮助你记忆："供应在应许里。"

请再次宣告，这样你就会记住了："供应在应许里。"

分别为圣

4.我们支取神应许的时候，就是与他的性情有分，脱离世上的败坏了。

接着来看彼得后书一章4节的后半句，这里清楚说明支取神的应许会发生什么事，可以说会有一个结果，也可分类为两种结果，总之，支取神应许的第一个结果是"与神的性情有分"，所以实际上你是开始在神的本质上有分。

然后彼得又说："……叫我们既脱离世上从情欲来的败坏"，我们在神的性情上有分到什么程度，脱离老亚当或堕落的本性就到什么程度。

罪恶的败坏和属神的性情互不相容。

让我们认定这个事实吧：罪恶的败坏和属神的性情互不相容。罪恶的败坏蔓延之处，绝无属神的性情可言。属神的性情充盈，那里就没有罪恶的败坏。因此不妨再说一次，我们在神的性情上有分到什么程度，脱离从亚当沿袭而来的败坏就到什么程度。

改变你的灵命经历

希望我们都把以上真理查德考得非常清楚，你也都能了解。现在我们来总复习一下，确定你都明白了。你若能掌握这四项真理，灵命必有所改变。

1.首先，神的神能已经赐给我们充足的供应。神说他已经把你需要的一切都准备好了。

2.供应是透过不断深入地认识耶稣基督而来。我们认识神的程度有多深，进入神的供应也就有多深。

3. 供应就在神话语的应许里。（希望你已经支取这真理，把它应用到你身上了。）

4. 支取神在他真道里的应许和认识基督的结果，在我们个人经验上会有两件事自然流露：与神的性情有分—亦即在神性上有分，而当我们在神的本质上有分，就自动脱离世上的败坏了。

第十一章

应许之地

在前一章我们检视了绝对会影响灵命的四项真理，本章我想从旧约举例说明，首先来看约书亚记，我们找到一个非常清楚的例子，先看一下背景。

我们在新约里的基业

在旧约之下，神的基业就是应许之地，神引导他的百姓进入迦南地。而在新约下，神也引导他的百姓进入应许之地得基业，所有在旧约下运用的原则，同样也运用在新约下。

在旧约，带领神的百姓进入应许地的领袖名叫约书亚。在新约，带领他百姓进入应许地的领袖名叫耶稣。在希伯来文里这两个名字是同一个字。

旧约有两卷书特别记载进入神百姓的基业，第一卷就是申命记，陈明进入和定居在你产业上的基本原则。其次是约书亚记，描述以色列子民应用这些原则进入得他们产业的实际经历。带着这样的理解去读申命记和约书亚记，必发现这两卷书充满亮光，照亮你在基督里得基业之路。

任命约书亚

耶和华的仆人摩西死了以后，耶和华晓谕摩西的帮手，嫩的儿子约书亚，说："我的仆人摩西死了。现在你要起来，和众百姓过这约旦河，往我所要赐给以色列人的地去。"（约书亚记一：1-2）

有时得有一死亡，新生命才能出来。有时得终止一次序，新次序方能发展。摩西是神所指派带领以色列人出埃及的领袖，但神也清楚告诉摩西，带领神百姓进入他们得基业新地方的人不会是他（参见民数记二十：7-12）。摩西必须死，然后神的百姓才可以继续前进。

我相信今天教会也是同样的情形，我这样说应该不至于冒犯任何人才是，希望你能正确地了解我说的话，但我相信在基督信仰上已有一死亡——就是机构化的教会。我可不是说浸信会、长老教会、圣公会或天主教会已死，我说的是机构化的教会已死。我想我们哀悼得够久了。

有时得有一死亡，新生命才能出来。

依个人浅见，机构化教会就好比摩西带领神的百姓，就是我们进入神指定我们这一代去得的产业，现在我们需要有新的领袖、新的模式、新的前进方式。而我相信神正在引领我们进入现代的这个新模式。

以色列人哀悼摩西三十天，神深谙人的心里，他知道创

分别为圣

伤事件带给人的震撼需要花多长的时间调适，于是三十天过后他对约书亚说话，意思是："该停止哀悼，启程了。摩西已经死了，但这不是世界末日。事实上，这是一个阶段的结束，新阶段的开始。"

了解应许

约书亚被任命带领神的百姓进入他们的基业，我们来看这当中揭示了哪些原则。主说：

> 我的仆人摩西死了。现在你要起来，和众百姓过这约旦河，往我所要赐给以色列人的地去。凡你们脚掌所踏之地，我都照着我所应许摩西的话赐给你们了。（约书亚记一：2-3）

请注意这里两个动词的时态，在第2节神说："我所要赐给以色列人的地"是现在式，他要赐给他们那地，就在他说话的时候。到了第3节就变成现在完成式，强调已经发生或已完成："凡你们脚掌所踏之地，我都照着我所应许摩西的话已经赐给你们了。"

自此，整块土地都合法归属以色列人了，但他们仍须去得着那地，支取它，他们就用脚掌踏遍那地，当这样做的时候，神所赐基业就成了他们实际的经验。

要知道法律上的拥有和实际上拥有是大大不同的。你可能从其它信徒那里听过类似的话："除了得救以外，我不需要任何经历，我不需要什么二次祝福，我不需要圣灵里的洗。我得救的时候就得着全部了。"我的回答是："没错，那些全部是你的一在法律上，但不是在经历上。"

请原谅我如此相提并论，但我要说，假设约书亚和以色列子民是基要派的话，他们可能会列队站在约旦河东岸，双臂交叉在胸前，说："全都是我们的了！"同理可推，假设他们是五旬宗的话，他们会渡河，然后列队站在约旦河西岸，说："全都是我们的了！"不管是站在约旦河哪一边，迦南人都会嘲笑他们，因为在实际经历上，整块土地都还是迦南人的。再次重申，合法的继承与实际经验上的拥有是不同的。

从约书亚记一章3节起，以色列人就已经领受整个应许之地了，永远合法地属于他们。但是在经历上，他们尚未拥有。

双脚踏上那地

合法的拥有与经历上的拥有之间的差异，对我们的灵命也具有重大意义。如前所述，我们的基业就是应许之地，在基督里所有的应许都是你的了（参见哥林多后书一：20）。然而，你必须用脚掌踏上那地，实际去经历它。

在基督里所有应许都是你的了，但你必须用脚掌踏上那地，实际去经历它。

在旧约之下的以色列子民所跨出去得基业的每一步，都

分别为圣

遭遇敌人的顽强抵抗。同样的，在新约之下的你，为了得你在基督里的基业所跨出的每一步，也会遭遇你仇敌的顽强抵抗。旧约里那些敌人有比利洗人、赫人、希未人、耶布斯人、迦南人、亚摩利人等等，而在新约里跟你打仗、不让你进步的则是撒旦的势力，包括邪灵和污鬼。

你必须"脸面如坚石"（参见以赛亚书五十：7），前进应许之地，你要说："主已经把这地赐给我了，我要用双脚踏上这地。撒旦，走开！"要知道，当你用信心加上决心与撒旦对峙，牠必退去。如果你缺了这两样，牠会一直占据你的产业。尽管你有合法的拥有权，但实际上却享受不到。这些基本原则非常重要。

在神的圣洁上有分的七项供应

接下来，我们要把这些原则应用到圣洁的真理上。让我们复习一下从希伯来书学到的原则，那里说神管教我们，"是要我们得益处，使我们在他的圣洁上有分"（十二：10）。还记得彼得说的话吗？"得与神的性情有分"（彼得后书一：4）。希伯来书作者特别提到我们与神的某一方面有分—神的圣洁，但神的性情的所有方面都是圣洁的。以下有关圣洁的供应原则，几乎不必调整，即可应用在基督徒灵命的许多方面，例如，相同的原则几乎可完全应用在医治上。

我们如何与神的性情有分？为了使我们成为圣洁，神已供应什么给我们？以下将此供应分成七个部分，便于彻底了解。在查考新约的时候我发现到，为了支取圣洁的基业，我们需要神的七项供应：

1. 耶稣基督

2. 十字架（耶稣献祭的地方）

3. 圣灵

4. 耶稣的宝血

5. 神的道

6. 我们的信心

7. 我们的行为（以实际行动表现我们的信心）

下一章再来看这七项关于圣洁的供应。

第十二章

使我们得以成圣的七项供应

为了使我们在神的圣洁基业上有分，神的供应有七个方面，就是上一章最后所列的清单，让我们一一来看：

1. 耶稣基督

第一个方面就是耶稣基督，之前已提过，借着认定耶稣基督得以进入完整的供应："神的神能已将一切关乎生命和虔敬的事赐给我们，皆因我们认识那用自己荣耀和美德召我们的主（耶稣基督）。"（彼得后书一：3）使徒保罗同样清楚地说明了此一圣洁或成圣的真理：

> 写信给在哥林多神的教会，就是在基督耶稣里成圣、蒙召作圣徒的，以及所有在各处求告我主耶稣基督之名的人。（哥林多前书一：2）

这节经文说得很清楚，我们是在基督耶稣里成圣的。在基督耶稣以外别无供应，圣洁的起点在他。保罗在同一章第30节说：

第十二章 使我们得以成圣的七项供应

但你们得在基督耶稣里是本乎神，神又使他成为我
们的智能、公义、圣洁、救赎。

每一位信徒都拥有这四大素质：智能、公义、圣洁和救
赎，全在基督耶稣里，神赐给我们的每一个祝福都因着耶稣
基督而成为我们的。

再来看两节同一思路的经文：

律法本是借着摩西传的；恩典和真理都是由耶稣基
督来的。（约翰福音一：17）

神既不爱惜自己的儿子，为我们众人舍了，岂不也
把万物和他一同白白地赐给我们吗？（罗马书八：
32）

有了基督就有"一切"，没有基督就"什么都没有"。
我们的基业全部都是由耶稣基督来的。

2. 十字架

为使我们成圣，神赐给我们的第二项供应就在十字架。
希伯来书作者用一节美好的经文总结此观念：

因为他一次献祭，便叫那得以成圣的人永远完全。
（希伯来书十：14）

耶稣基督死在十字架上就是献祭，上述经文的希腊文原

分别为圣

文时态极重要，因为两个动词时态完全不同，"得以成圣"是完成式，强调已经完成了，全部完整了，不能再增添或改变什么了。而"永远完全"则是持续进行式。

许多人误会了完全的祭和持续献祭之间的关系，结果就是立即成圣这种错误观念的出现。就我而言，我可不信有速成的圣洁，就像我不信"速溶"咖啡一样！如果你想喝真正的咖啡，还是得用过滤式咖啡壶冲泡。如果你想真正经历神，也需要有一个"过滤"的过程，跳过这过程的结果就会令你失望。

如果你能在脑海里描绘十字架的画面，就能看见真理有多重要了。请想象十字架是神从天上介入人类历史和每一个人的生命，十字架垂直的那根木头代表神从天而降，将人的生命一分为二，永远不能再改变。至于水平的那根木头则代表人的生命，还在持续展开中。当十字架进入我们生命，我们就能持续支取借着它所带来的。

所以，耶稣已经在十字架上献上完美的、永恒的祭，但我们并不是立刻全部支取，成圣是渐进式的。

要记得我们并不是立刻全部支取，成圣是渐进式的。

有些人相信成圣应该是立即的，若没有立即领受，很容易落入自我定罪。或是以为有哪里做错了，所以神没有照他的应许成就。这些人需要了解，神那部分已经完成了，而我们这部分的支取则是渐进的。我们必须从这方面去了解圣洁以避免许多误解，以至于自己给自己定罪。

3. 圣灵

第十二章 使我们得以成圣的七项供应

神的供应的第三要素是圣灵。让我们从圣灵所扮演的角色说起，关于成圣，我们要看的第一处经文在哥林多前书六章11节："你们中间也有人从前是这样……"。

如果想知道保罗说的"从前是这样"是怎样，就要看前面两节经文，读来不太舒服，就是淫乱、拜偶像、奸淫、作娈童、亲男色、偷窃、贪婪、醉酒、辱骂、勒索。哥林多教会会友的出身背景不全是有教养的，保罗说："你们中间也有人从前是这样；但如今……"（11节），这"但如今"多么值得感谢！不是吗？表示切断过往，有个新的开始。

> 但如今你们奉主耶稣基督的名，并借着我们神的灵，已经洗净，成圣，称义了。（哥林多前书六：11）

基督的恩典由圣灵执行，因此供应的基础在于十字架，叫我们因十字架得益处的是圣灵，其中一项就是使我们成圣。

> 主所爱的弟兄们哪，我们本该常为你们感谢神；因为他从起初拣选了你们，叫你们因信真道，又被圣灵感动，成为圣洁，能以得救。（帖撒罗尼迦后书二：13）

以上经文的焦点若放在后半段，就是："神从起初拣选了你们，叫你们因信真道，又被圣灵感动，而成为圣洁。"

分别为圣

由此可见进入救恩的过程是：第一、神在永恒里拣选了我们，"从起初"。第二、在时空下，圣灵开始使我们成圣一把我们分别出来，选中我们一引我们到领受神的启示之地（稍候几章会探讨此概念）。第三、圣灵使我们成圣的工作，引领我们信靠神的真道。第四、因着信靠真道我们得救了，或说被带进救恩里。

不管别人怎么想，我们务必了解圣经就是这样说的，圣灵使我们成圣的工作，在我们进入救恩以前就开始了，事实上，如果圣灵没有开始这工作，我们绝对不可能进入救恩。

前面看过的彼得前书一章1-2节其基本大纲相同，使徒彼得对信靠基督的人说：

耶稣基督的使徒彼得写信给……照父神的先见被拣选，借着圣灵得成圣洁，以致顺服耶稣基督，又蒙他血所洒的人。

你注意到吗？彼得不光是讲被神拣选，也提到神的先见，按照逻辑当然是先知道，然后拣选。所以在永恒里有这样一幕：神本于他的先见预先知道我们，然后拣选我们。在时空里，圣灵开始成圣的工作，就是把我们带到顺服神的真道与福音的地方。当我们顺从真道，蒙耶稣基督宝血所洒，我们就得救了、干净了，也被分别为圣。

行在光中的意思就是顺从神真道的光。

让我们再细看一个基本事实：他的血只洒在顺服的人身上。悖逆的人无法靠近耶稣的宝血。这个原则应用在灵命的所有领域。我们在约翰壹书一章7节看到："我们若（持续）在光明中行，如同神在光明中，就（持续）彼此相交，他儿子耶稣的血也（持续）洗净我们一切的罪。"这节经文是有条件的，要持续被血洗净的条件是持续行在光明中。行在光中的意思就是顺从神真道的光，他的话语是我们脚前的灯、路上的光（参见诗篇一一九：105）。

4. 耶稣的宝血

为使我们成圣，神所供应的第四个方面就是耶稣的宝血。再次看彼得前书一章2节，圣灵使我们成圣，把我们带到顺服之中，我们顺服下来，圣灵就将耶稣的血洒在我们身上。耶稣的血把我们从老我、犯罪的过往和背景中分别出来。这方面（十字架的"血脉"）会在下一章深入探讨，我们因着这血而脱离撒旦的国，进入神在基督里的国，这就是转折点。

以下要看两处讲到耶稣宝血有成圣大能的经文，第一处是希伯来书十章29节：

何况人践踏神的儿子，将那使他成圣之约的血当作平常（不圣洁），又亵慢施恩的圣灵，你们想，他要受的刑罚该怎样加重呢（比摩西律法下犯罪的刑罚更重）！

首先，这节经文告诉我们信徒是因着约的血成圣。我认为从这节也可清楚看到，失去成圣也是有可能的。假如你故意拒绝耶稣基督和他流的血，你就使这成圣之血约废除了。

分别为圣

你还记得吧，在旧约之下，过逾越节时要把逾越节羔羊的血洒在门框和门楣上，但是不可洒在门坎上。因为这血是圣的，绝对不许践踏。前面希伯来书的经文假设一种情况，某人反过身来故意践踏耶稣基督和他的宝血，这人就"亵慢施恩的圣灵"了，意思是此人故意藐视、抗拒圣灵。可怕的是，这种人不可能再叫他悔改了。

以上所讨论的显然并非本章主题，但却提醒我们要非常小心我们对耶稣的血和圣灵的态度，若有谁曾将耶稣的血视为非圣洁之物，那人就是在侮辱圣灵。反之，若有谁亵慢圣灵，那人就无权倚靠耶稣宝血。血与圣灵紧密相连。

还有一节经文讲到耶稣的血使我们成圣：

所以，耶稣要用自己的血叫百姓成圣，也就在城门外（十字架上）受苦。（希伯来书十三：12）

耶稣死在十字架上的目的之一，就是流出宝血，他的血使我们成圣—使我们分别出来归给神，又得以继承在基督里的基业。

5. 神的道

这过程的下一因素是神的道。真道随宝血而来，有一节美好的经文讲到神的道有成圣的大能，就在约翰福音第十七章，这章包含了基督以大祭司的身份，为他的门徒和所有跟随者所做的祷告。让我们来看这祷告的其中一段，然后我再告诉你最想跟你分享的是哪一节经文：

第十二章 使我们得以成圣的七项供应

我不求你叫他们离开世界，只求你保守他们脱离那
恶者（或译：脱离罪恶）。他们不属世界，正如我
不属世界一样。（约翰福音十七：15-16）

真信徒是虽在这世上却不属这世界（参见11、14节），
例如，在修道院与外界隔绝并不能解决问题。这是个灵性问
题，所以不能单用身体的隔离来解决。耶稣在下一节指出了
解决之道，这句话太精彩了：

求你用真理使他们成圣；你的道就是真理。（17
节）

我更喜欢说："你的道就是唯一的真理。"有句话说得
好："有些事情是真的，却不是真理。"好比你牙痛，这是
真的，却不是真理，真理是"因他受的鞭伤，我们得医治"
（以赛亚书五十三：5）。

有些事虽然现在是真的，但是以后会改变。然而，神的
话不但是唯一真理，且永不改变（参见诗篇一一九：89、
160）。是神的真道使信徒在耶稣基督里成圣，此事实亦陈
明在帖撒罗尼迦后书二章13节，前面提过，以后也会经常提
到：

他从起初拣选了你们，叫你们因信真道，又被圣灵
感动，成为圣洁，能以得救。

分别为圣

圣灵带领你信靠神的真道，这是你迈向成圣的另一阶段。

关于真道之于成圣的角色，我认为最棒的一段经文就是以弗所书五章25-27节，以夫妻关系跟基督与新妇—教会的关系作对照：

你们作丈夫的，要爱你们的妻子，正如基督爱教会，为教会舍己。要用水借着道把教会洗净，成为圣洁，可以献给自己，作个荣耀的教会，毫无玷污、皱纹等类的病，乃是圣洁没有瑕疵的。

这里我们看到宝血和真道的交互关系，我们看到基督爱教会，为教会舍己，他在十字架上代替我们献上为祭，流出他的血（救赎的代价）以救赎教会。但他救赎教会是为了一个目的：要用水借着道把教会洗净，成为圣洁。

请务必了解，宝血的救赎开启了大门，使我们得以被神用水借着道把我们洗净，成为圣洁。但使我们成为圣洁的过程并未借着宝血的救赎结束；完全成圣的过程是借着真道在每个信徒身上不断地洗净，使我们成圣。

以弗所书五章27节说明了这两个作用的结果：

可以献给自己（基督），作个荣耀的教会，毫无玷污、皱纹等类的病，乃是圣洁没有瑕疵的。

有一点我坚信不移，没有一个信徒够资格作神的新妇献给耶稣基督的荣耀教会，除非他或她长期接受管教、不断洁净自己，用神的道使自己成为圣洁。借着十字架进入救赎，这个经验本身并不构成充分的预备，使我们可以在那荣耀的大日子像圣洁无瑕疵的新妇，呈献给耶稣基督。

完全成圣的过程，是借着真道在每个信徒身上不断地洗净，使我们成圣。

为了使我们在那大日子献上给基督，真道的水非常重要，我发现许多自认被宝血救赎的信徒，对于真道使他们成圣的过程，却抱着随便、蛮不在乎的态度。这些基督徒几乎不听圣经怎么说，他们的现况实在令人担忧。

绝大多数基督徒几乎不读圣经，实情可能相距不远，把整本圣经读过一遍的人少之又少，因此他们根本不晓得圣经的某些原则。拥有圣灵的恩赐和彰显神的大能固然令人兴奋，但这些并不能取代认识神的真道和得着神的应许。

我必须说，圣经的应许令人屏息以待，例如我们可以"脱离世上从情欲来的败坏，就得与神的性情有分"（彼得后书一：4）。让我问你：你是否与神的性情有分？你是否真的脱离了世上从情欲来的败坏？答案是什么，全看你自己，我不能替你回答。但要像神一样圣洁的话，那么圣洁应是我们生活的关键焦点，而那需要真道来洁净，使我们进入成圣的过程。

让我们再仔细看看以弗所书的经文。

你们作丈夫的，要爱你们的妻子，正如基督爱教

分别为圣

> 会，为教会舍己。要用水借着道把教会洗净，成为
> 圣洁。（以弗所书五：25-26）

耶稣用水借着真道把教会洗净，使之合乎他的心意。若
无此工作，教会永远不可能达成神的旨意。神的道及其洁净
的角色无可取代。

让我们来看约翰壹书第五章作为本段的结论，约翰论到
耶稣，说：

> 这借着水和血而来的，就是耶稣基督；不是单用
> 水，乃是用水又用血，并且有圣灵作见证，因为圣
> 灵就是真理。作见证的原来有三：就是圣灵、水，
> 与血，这三样也都归于一。（6-8节）

耶稣来不但是作为真道的教师（用水），也代替我们献
为祭（又用血）。神的供应既包含十字架流的血，也包含成
圣真道的水。作为信徒首先是以血，然后再以真道，并且有
神的灵在信徒心中作见证，见证这血和道。

事实上，第8节说在地上给耶稣基督作见证的有三样，
这三样在他里面都归于一，每一个信徒生命中都应该可以看
见这三样为耶稣作见证：血的见证、真道水的见证，以及圣
灵，圣灵为宝血和真道作见证。

6. 我们的信心

本章的最后两大段要来看看我们当做什么，也就是在成
圣过程中我们应运用什么。前面看过几个方面：耶稣基督、

十字架、圣灵、耶稣的宝血和神的道。接下来要看我们的信心和行为。

信心就是神的恩惠祝福浇灌在我们身上的管道。

神借着基督赐给我们的一切，都必须凭着个人的信心支取。信心就是神的恩惠祝福浇灌在我们身上的管道。除非有信心作为管道，并且转向正确的方向，否则无法领受神所预备的一切供应。

有两节经文强调这个重点，首先来看帖撒罗尼迦后书二章13节的后半段：

> 他从起初拣选了你们，叫你们因信真道，又被圣灵感动，成为圣洁（两个过程），能以得救（神拣选的目的就是使我们得救）。

本节译作"信"，这个字的希腊文在整本新约圣经几乎都被译为"信心"，我们一生总会碰到一些时候，必须凭信心去支取神的真道，以进入神的供应里，成为圣洁。

关于此主题还有一节美好的经文—使徒行传廿六章18节，我每次读每次都受感动。神似乎总是用这节经文特别对我说话，在这里使徒保罗论到他蒙召作外邦人的使徒。耶稣是这样形容保罗传福音给外邦人的旨意：

> ……要叫他们的眼睛得开，从黑暗中归向光明，从撒旦权下归向神；又因信我，得蒙赦罪，和一切成圣的人同得基业。（使徒行传廿六：18）

分别为圣

谁说撒旦毫无权势、不要听他，那是蠢话。圣经告诉我们撒旦有权势，但是因着福音我们的眼睛开了，从黑暗中归向光明，从撒旦权下归向神。当我们转离黑暗归向神时，首先领受的就是赦罪之恩。这是最基本的。所要求的第一点，就是我们的罪获得赦免，除去罪的阻隔，使我们得与全能神建立关系。第二点，我们和一切因信在他里面成圣的人同得基业。这基业是留给所有因信靠基督而成圣之人的。关于这方面，另一节很棒的经文在歌罗西书一章12节：

> 又感谢父，叫我们能（有资格）与众圣徒在光明中
> 同得基业。

请注意这基业是给众圣徒的—因着信靠耶稣基督而成为圣洁之人。如同耶稣对保罗说的话，他的意思是要把基业赐给成圣之人，就是因着信靠他而分别为圣归给神的人。

7. 我们的行为

最后一项，信心必须以积极的行动表现出来。雅各书二章26节说"信心没有行为也是死的"，信心若不以行动表现出来，是死的信心。同样的真理也明确地用在成圣上，哥林多后书七章1节（上一章查过）：

信心必须以积极的行动表现出来。

亲爱的弟兄啊，我们既有这等应许，就当洁净自己，除去身体、灵魂一切的污秽，敬畏神，得以成圣。

前面说过，供应在应许里。保罗在这段经文说，已有应

许可供我们支取，就看我们要不要把应许用出来。我们必须把双脚踏在基业之地，必须去得着它。

保罗说我们"当洁净自己"，神不会替我们做这件事，他已经使这件事成为可能。还记得吗，如果我们要圣洁，就必须除去两种污秽使自己洁净：第一是肉体的污秽或血气的罪，如：醉酒、奸淫、咒骂等等；其次，除去灵里的污秽，那是更龌龊下流的，如涉入撒旦的超自然领域里、行邪术等。凡是参与神所憎恶之事的：玩碟仙（通灵板）、算命、星座、占星术、降神会、假先知和东方秘术哲学等，参与这些事都会使灵性沾染污秽。

他先在我们身上动工，而我们需要回应他，神已供应我们灵命经验每个领域所需要的一切，关于这方面的真理不妨再来看一处经文：

> 这样看来，我亲爱的弟兄，你们既是常顺服的，不但我在你们那里，就是我如今不在你们那里，更是顺服的，就当恐惧战兢做成你们得救的工夫。因为你们立志行事都是神在你们心里运行，为要成就他的美意。（腓立比书二：12-13）

神在你们心里运行，你们必须将其行出来。如果你没有把神在你心里运行的行出来，那么神就不再继续运行了。

本章提到很多原则和真理，我知道你或许一时吸收不来，但何不开口求神帮助你？不妨用以下的祷告求神帮助你

分别为圣

把这些真理应用在你的生命中：

父神，感谢赞美你与我同在，帮助我读完这一章的内容。我在你的话语中看到你丰盛而充足的供应，我满心感谢。主啊，求你使我不懒散也不轻忽你所供应的一切，求你帮助我忠心又殷勤地支取你的供应，洁净自己肉体和灵里的一切污秽，成为圣洁。奉主耶稣的名祷告，阿们！

第十三章

成圣的工作如何进行

上一章讲到圣经所启示的七大供应，本章要来看这些供应如何在我们里面运行，使我们成为圣洁—这些如何成为我们的经历，我们又如何一一回应。换言之，我们如何把到目前为止所发现的真理实际地运用出来，而成为我们的经历？

父神在永恒里的运行

先回头看前面讨论过的经文，彼得前书第一章是这样形容基督徒的：

> 耶稣基督的使徒彼得写信给……，就是照父神的先见被拣选，借着圣灵得成圣洁，以致顺服耶稣基督，又蒙他血所洒的人。（彼得前书一：1-2）

前面我已用这节经文指出，出于神的预知我们才得以遇见神，神在永恒里预知了我们。本于他的先见，他在永恒里拣选了我们。在时间还未开始之前这一切就发生了。相信神

分别为圣

事先早就知道一切，这对我毫无问题。而他既然早就知道，那么合理的推断是，他也照着他所知道的预先拣选了我们，圣经真的就是这样教导的。

关于此主题还有一节经文，让我们翻到以弗所书：

> 愿颂赞归与我们主耶稣基督的父神！他在基督里曾赐给我们天上各样属灵的福气：就如神从创立世界以前，在基督里拣选了我们，使我们在他面前成为圣洁，无有瑕疵。（以弗所书一：3-4）

请注意他拣选我们是为了使我们成为圣洁，换言之，他的选择带动我们的圣洁。下一节讲到神：

> 又因爱我们，就按着自己的意旨所喜悦的，预定我们借着耶稣基督得儿子的名分。（5节）

从以上经文我们得知，在永恒里发生了两件事：神拣选、神预定。除了这些事实，还有在彼得前书一章2节所发现的真理：他预先知道我们。于是，我们有了三个连续的事实：神预知、神拣选、神预定。这里"预定"是指神为我们安排好各样环境，好让他的旨意成全。

罗马书第八章的教导更强化了以上的理解，首先我们把焦点放在29节：

> 因为他（神）预先所知道的人，就预先定下效法他

儿子的模样，使他儿子（耶稣）在许多弟兄（就是我们）中作长子。

我们再次看到神预知，然后预定。如果把以上三节经文放在一起看，就清楚看出神在永恒里运行的画面，父神做了三件事：第一、他预知，第二、他拣选，第三、他预定。

有些人听到预定两个字就有警觉性，他们不喜欢这字词的原因跟狭义的拣选论有关，但其实把神的拣选狭窄化是不合乎圣经的。有一个事实必须确立，就是神的拣选不是专制独断式，不是不合理的，更不会不公平。神预先知道我们，然后拣选我们。他知道我们对他所让我们遭遇的情况会有什么反应，他知道当我们听到福音的呼召时会如何回应。

这些动作都发生在永恒里，是神预先采取了这些步骤，这点非常重要。（请注意我并未暗示圣子和圣灵没有参与这过程，他们当然有参与。）

圣灵在时空之内的运行

接着来看神（主要是借由圣灵）在时空之内的运行。圣灵使我们成圣，在此脉络下，圣灵运行使我们"成圣"的意思就是"吸引、分别、启示"。

让我们回头看彼得前书一章1-2节，这是所有关于圣洁的教导最关键的经文：

分别为圣

耶稣基督的使徒彼得写信给……，就是照父神的先见被拣选，借着圣灵得成圣洁，以致顺服耶稣基督，又蒙他血所洒的人。

请注意圣灵使我们成圣的上下文，首先我们读到："照父神的先见被拣选"（神预知、神拣选），在成圣的作用下，圣灵引领我们顺服"福音，然后因着顺服而"蒙耶稣基督的血所洒"。于是我们已经从父神在永恒里的作为，来到圣灵在时空里的运行─吸引、分别和启示。

我们来看帖撒罗尼迦后书二章13节：

主所爱的弟兄们哪，我们本该常为你们感谢神；因为他从起初拣选了你们，叫你们因信真道，又被圣灵感动，成为圣洁，能以得救（神拣选的目的）。

引领我们进入救恩的是圣灵，借着圣灵成圣的工作，我们得救了。

保罗从神的拣选开始讲解起。神的预知是他拣选的一部分，虽然此处经文并未明确点出。但我们再次看到引领我们进入救恩的是圣灵，借着圣灵成圣的工作，我们得救了。他引领我们接受福音的真理，顺从福音，然后进入救恩。有一要素务必了解，就是圣灵的运行早在我们信从福音而有意识地接受救恩之前就开始了。

神在保罗和耶利米身上的工作

保罗和耶利米是两位伟大的圣经人物，查考两段有关这两人的话可使我们大有收获。第一段是在加拉太书一章15节，保罗论到自己：

然而，那把我从母腹里分别出来、又施恩召我的神，……

保罗说，神把他从母腹里"分别出来"，打从保罗出生的那一刻起，神就开始为了他特别的目的将保罗分别出来。但实际上有相当一段年日，保罗是逼迫教会的主要打手。在那段期间里，保罗不晓得救恩，因他还未认识耶稣基督。事实上，他公开反对福音。然而，从头到尾圣灵一直在他生命中运行，把他分别出来，引领他进入神要他实现的命定。

先知耶利米也说过类似的话，在耶利米书一章4-5节：

耶和华的话临到我说：我未将你造在腹中，我已晓得你；你未出母胎，我已分别你为圣；我已派你作列国的先知。

耶利米的命定在他还在母腹中的时候就定妥了。神告诉耶利米，在他于母腹中成形以前神就认识他了；他还没有出生，神已分别他为圣—为了他所定的旨意，把耶利米分别出来"作列国的先知"，关于这旨意，神说他已指派，这里有

分别为圣

按立的意思。

当耶利米还在母腹中，神为他所定的旨意就已经开始运行了。可是当神对耶利米说这番话的时候，耶利米的反应竟是："神啊，请不要呼召我。我不能当先知，我太年轻了。"（参见第6节）。神的命定早在耶利米出生以前就运行在他生命中了，但他毫无所悉。事实上，起先他不愿意接受这份天命。

从保罗和耶利米身上看到类似的情况，就是圣灵的成圣工作，早在我们觉察到救恩以前就开始了，或说早在我们愿意接受神为我们一生所定的旨意和计划之前，圣灵的成圣工作就开始了。

神介入我们的意识经验

既然知道神首先在永恒里运行，然后在时空里运行，接着就来到我们的意识经验，实际上是神的介入而使我们命定听见十字架的福音。从帖撒罗尼迦后书二章再次看到神的介入，保罗写道：

> 他（神）从起初拣选了你们，叫你们因信真道，又被圣灵感动，成为圣洁，能以得救。神借我们所传的福音召你们……。（13-14节）

我们蒙召的那一刻，就是神的命定借着他真道的传讲启示给我们的时刻，那时我们被带到一个地步，不得不回应他，对神的要求作出个人的承诺。

罗马书里也有同样的真理：

> 因为他预先所知道的人，就预先定下效法他儿子的
> 模样，使他儿子在许多弟兄中作长子。预先所定下
> 的人又召他们来；所召来的人又称他们为义；所称
> 为义的人又叫他们得荣耀。（罗马书八：29-30）

这段经文叙述神介入我们的时空——我们个人的意识经
验。我们肉耳听见福音被传讲，而当神的道传讲出来，我们
的灵里就听见全能神的呼召，这是人类经验的分水岭。

在这个重要的决断点上，就看我们要不要听从神的呼
召，信服耶稣基督。

讲到分水岭我就会想到多年前在科罗拉多州丹佛的经
验，有几个人带我去爬落基山的东坡，到了那里，他们遥指
西边说："那里就是北美洲的分水岭。"那一刻，分水岭的
意义具体呈现在我眼前。

我想到两滴雨水或两片雪花从天而降，降在这分水岭
上，我凭想象看到西坡、又看到东坡，落点仅两吋之差，结
局就完全不一样。落在西坡的最后会流入太平洋，而落到东
坡的最后可能会流入墨西哥湾或大西洋。最终结局是千万英
哩的差距，可最初仅相距两吋而已。

这就叫分水岭——分隔点。十字架就是这个分隔点，是每
个人生的分水岭。我们的命定和经历从这点开始分隔，在这

分别为圣

个重要的决断点上，就看我们要不要听从神的呼召，信服耶稣基督。

保罗在哥林多前书谈到这个分水岭时刻：

因为十字架的道理，在那灭亡的人为愚拙；在我们得救的人，却为神的大能。（哥林多前书一：18）

请你了解一件事，十字架并没有改变，信息也没有改变，然而我们的命定取决于我们的反应。如果我们接受而听从，就进入救恩；如果我们拒绝不接受，就会灭亡。

再次重申，分隔点就在十字架，那就是分水岭，最重要的决断时刻和命定。

在腓立比书三章12节，保罗换另一种方式表达这个分水岭时刻：

这不是说我已经得着了，已经完全了；我乃是竭力追求，或者可以得着基督耶稣所以得着我的（所以得着我的：或译所要我得的）。

我喜欢"得着"这个字词，呼应我个人经验，这字词让我想到全能神的大手从高天伸下来，于某个时间点上碰触某人生命。那是拣选的时刻、命定的时刻；当神的手从高天召唤的时刻，当他为了从永恒计划的一个目的而得着一个人，但他却是慢慢地随着那人顺从他的呼召，一点一点地向那人启示。从此那人的生命彻底改变，再也不一样了。

第十三章 成圣的工作如何进行

让我们把本章至此所查考的做个小结，然后把它放在更清楚的脉络中。首先，父神预知、拣选和预定。这些行动都发生在永恒里。然后，圣灵来执行父神的拣选与命定，这些行动发生在时空之下。借着圣灵的成圣工作，神的计划强力临到我们生命中。我把圣灵的成圣工作划分成三段：吸引、分别和启示。以上就是我所了解的成圣。

在约翰福音六章44节，耶稣说：

若不是差我来的父吸引人，就没有能到我这里来的；到我这里来的，在末日我要叫他复活。

起初第一个行动出自神，不是出自人。没有任何人是自己先选择来到耶稣基督面前。最初是父神先拣选的。耶稣在约翰福音十五章16节印证了这真理：

不是你们拣选了我，是我拣选了你们……

千万别在这点上迷惑了，是神主动来救人，不是人主动的。人所能做的只有响应神的拣选，在当这拣选向他启示出来的时候。所以，圣灵吸引我们，他既吸引了我们，就把我们分别出来；既把我们分别出来，就领我们接受启示。

假如不是圣灵开始在你身上动工的话，你的人生有可能走偏到任何路上去。

假如不是圣灵开始在你身上动工的话，你的人生有可能走偏到任何路上去。但当圣灵在你身上动工，就开始吸引你

分别为圣

朝跟以前截然不同的方向去。当他吸引你朝那方向去，就开始把你从以前的老路上分别出来，然后他引领你到某一个点上，你听见十架道理的传讲——于是你听见了福音，或是从神的话语读到了福音。

新的方向

圣灵进入我们生命可能细微到觉察不出，你几乎不认得，也多半不了解。但他吸引我们往新的方向去。这样的事何时开始发生在我身上我倒是记得很清楚。原本我非常兴奋地追逐吸引我的事情，之后变得一点都无法让我提起兴致，当时我实在不懂为什么会变成这样。

我去跳舞，那是我从前很喜欢做的事，以前我参加饮酒的派对，然后一到半夜我就睡到不省人事。我心想，我是老了体力大不如前吧。却不知是圣灵已经开始把我分别出来，以至于那些享乐、娱乐的活动变得好陌生、遥远，我想，我以前为什么会觉得这些很好玩呢？

当时我对救恩一无所知，也不知道还有别种生活型态，我只以为人生的真正意义没有了，我失去了对享乐的品味，也没有从前那种胃口了。

之后当我面对十字架的道理，就我个人而言，不是谁来告诉我的，但我很清楚知道，我得作这个选择。还有，我知道我无权期待神会给我第二次机会。他可能会，但有件事我有绝对把握，就是当时我若没有响应的话可能永远没机会了。感谢神，因着圣灵神圣的介入，我回应了他的福音。

前面我曾提及如何在一场五旬宗聚会上听到福音，当讲台呼召时我还没弄懂是在做什么，就安静地坐在那边不知道接下来会怎样，只听见台上的人说："有谁想要得着（得着什么我也没弄懂），请你举手。"

还记得吧，我听见两种声音，一种说：如果穿着军服的你在这些老太太面前举手，不是显得很蠢吗？另一种声音对着另一耳说：如果那是个好东西，何不得着它呢？我僵在那里，无法做出任何一种反应。但就在那片静默中奇迹发生了，真的是圣灵把我的手举了起来，我既惊吓又惊奇，不是我在动，可是我的手已经举起来了。顺带一提，圣灵只能做到这里，他给你一点催促，最终抉择还是在于你。

隔了两个晚上我参加另一场聚会，虽然对福音的了解还是不多，但是当讲台呼召开始，我对自己说，上次是别人帮我举的，不能期待同样的事再度发生。所以这次是我自己把手举起来，我不是在那次得救的，我已经得救了，但是我为那个决定负起个人责任。

圣灵在你身上的带领说有多远就有多远，有多近就有多近，但最后还是得由你个人决定信靠耶稣基督而领受救恩。

越过血线

因此在福音传递之时，你为自己作决定，你听到福音后作什么反应就决定你的命定。我把十字架称为"血线"，当

分别为圣

你来到十字架前顺服而承认耶稣基督，在他面前俯伏，那你就是跨越了血线，从撒旦的领域进入神的领域，"与众圣徒在光明中同得基业"（歌罗西书一：12）。容我重申，十字架是分隔线，是由耶稣流出的血划出的分隔线。

当你越过这条血线就是从撒旦的领域进入神的领域。

圣灵一直在做使我们成圣的工作，这是我们已了解的。在你得救以前，甚至在你对神的计划还一无所知的时候，他就把你从群众中吸引出来—从一大群不回应或不听福音的人当中，把你分别出来。你的人生开始踏上一条不同的路，他引领你，又开你的眼睛，使你看见耶稣和十字架。然后，你必须响应，因为自此以后不再有中立地带—你不是归神这边，就是归撒旦那边。

如果你顺服在十字架前，如果你听从福音，那么你就越过了血线。现在让我问你：你跨出这一步了吗？你跨越这条血线了吗？如果你没有，那么希望你现在就做，请你作以下这个简单的委身祷告：

主耶稣基督，我相信你是神的儿子，你是到神那里的唯一道路，你为我的罪死在十字架上，又从死里复活了。现在我要为我所有的罪悔改，求你赦免我，用你的宝血洁净我。主耶稣，我把我的心向你敞开，我邀请你进入我心。现在我凭着单纯的信心，接受你作我的救主。我承认你是我生命的主。求你进入我的心，赐给我永远的生命，使我成为神的儿女。主啊，谢谢你。祷告奉耶稣的名，阿们！

你能跨出这一步真是太棒了！请你牢记一件事，圣灵使你成圣的工作尚未完成。在我们得救之后，他还会继续这成圣的工作，下一章将会看到。

第十四章

宝血与真道

前面看过神如何在永恒里及时空下直接介入我们生命，以及圣灵如何帮助我们越过血线。现在我们要更仔细地来看宝血的应用和真道的水持续洁净的作用。

首先要来看的经文是彼得前书一章1-2节，相信你已经非常熟悉了。

耶稣基督的使徒彼得写信给那……就是照父神的先见被拣选，借着圣灵得成圣洁，以致顺服耶稣基督，又蒙他血所洒的人。

宝血不能应用在我们身上，除非我们听从、顺服、降服在神的主权下。一旦我们顺服了，耶稣宝血的执行者圣灵，就把血洒在我们身上，我们就被洁净、蒙救赎，被分别出来归给神。

进入我们的基业

当我们越过血线，就进入了我们在耶稣基督里的基业。让我们回顾一下耶稣对保罗说的话，耶稣要保罗去向外邦人传福音：

我差你到他们那里去，要叫他们的眼睛得开，从黑暗中归向光明，从撒旦权下归向神；又因信我，得蒙赦罪，和一切成圣的人同得基业。（使徒行传廿六：18）

因着耶稣的血我们罪得赦免，当我们因宝血得蒙赦罪，就与所有因信耶稣基督而成圣的人同得"基业"。

同样提到基业的经文还有以弗所书一章7、11节：

我们借这爱子的血得蒙救赎，过犯得以赦免，乃是照他丰富的恩典。……我们也在他里面得（得：或译成）了基业；这原是那位随己意行、做万事的，照着他旨意所预定的。

当我们得蒙赦罪，就是蒙了救赎而得着在基督里的基业。基督的宝血把我们从撒旦的权势领域下买赎出来，带我们进入基督的国度。歌罗西书陈明了此一真理：

又感谢父，叫我们能与众圣徒在光明中同得基业。他救了我们脱离黑暗的权势，把我们迁到他爱子的国里。（歌罗西书一：12-13）

分别为圣

这里再次看到，耶稣的血是一条界限，分隔黑暗与光明、撒旦权势和神的大能。因着宝血，神使我们"能与众圣徒在光明中同得基业"。

因着宝血全部迁移

当耶稣的血应用在我们身上就发生了一个"迁移"，我们的灵、魂、体都从撒旦的领域被全部迁移到基督的领域。这"迁移"乃是指完全转移过去。旧约有两个人物被迁移：以诺和伊莱贾。此二人的灵魂体完全被迁移到天堂去，没有经过死亡。伊莱贾只留下他的外衣给接棒人伊莱沙捡拾。当歌罗西书一章13节说我们被"迁到"爱子的国里，意思是神采取行动把我们整个人从撒旦的权势下完全迁移到"他爱子的国里"。

这两个领域之间的分隔线就是用耶稣的血划分的。十字架终结了撒旦权势，将我们从他憎恨黑暗的国度带出来，又领我们进入耶稣基督爱的国度里。

十字架终结了撒旦的权势，把我们带进耶稣基督爱的国度。

歌罗西书一章13-14节说得很清楚：

他救了我们脱离黑暗的权势，把我们迁到他爱子的国里；我们在爱子里得蒙救赎，罪过得以赦免。

多么强劲有力的一句话，是吧？我们已经从黑暗的权势下被拯救出来，而且被护送—被带走、被迁移、被转换—到圣子爱的国度里。

真道持续洗净

我们被迁到神国度里的关键时刻就是宝血的应用。这真理再强调也不为过。然而，还有一个重要因素，我们要在成圣上持续进深。宝血应用之后，还要持续用真道的水洗净。

以弗所书讲到这个重要原则：

> 你们作丈夫的，要爱你们的妻子，正如基督爱教
> 会，为教会舍己。要用水借着道把教会洗净，成为
> 圣洁……（以弗所书五：25-26）

基督用他的血救赎了教会—所有信徒，然后他用真道的水洗净教会，使她成圣—成圣是他最终的目的，就是27节说的：

> 可以献给自己，作个荣耀的教会，毫无玷污、皱纹等类的病，乃是圣洁没有瑕疵的。

如我们所看到的，教会的圣洁不是单靠宝血救赎，在基督的宝血救赎之后，还要用真道的水洗净，持续洁净。

旧约的"洗濯盆"—用真道洗净

这个洗濯和洁净的作用，在旧约里有一个美好的例子，

分别为圣

就是会幕（在圣殿兴建之前以色列人敬拜神的地方）里的一样用具：洗濯盆。这个器皿用来盛水，供祭司洗濯之用。

会幕里的每一样器具多多少少都代表耶稣基督、灵命和神赐下的供应。这就是为什么旧约用很多篇幅详细地讲解会幕，差不多有四十个章节处在处理会幕的事，包括会幕里所有用品器具的列表、对象之间的关系，还有其它细节，在旧约里共重复了两次。因此会幕极其重要，对于基督和基督徒灵命也有非常重要的教导。

出埃及记三十章让我们一瞥其重要性：

耶和华晓谕摩西说："你要用铜做洗濯盆和盆座，以便洗濯。要将盆放在会幕和坛的中间，在盆里盛水。亚伦和他的儿子要在这盆里洗手洗脚。他们进会幕，或是就近坛前供职给耶和华献火祭的时候，必用水洗濯，免得死亡。他们洗手洗脚就免得死亡。这要作亚伦和他后裔世世代代永远的定例。"（17-21节）

请注意，这里给祭司双重供应：祭坛和洗濯盆。祭司必须透过这双重的供应，才能够达到执行其属灵职责所要求的圣洁。同样的原则也应用到我们今天的灵命上。

凡来到会幕前的人皆须先通过院子的门，走进来以后迎面的第一个对象—不能绕过去，直接正面相对—就是祭坛，用铜包裹的祭坛洒了祭牲的血。此物象征除了靠基督死在十字架上，此外别无可以来到神面前的基础。若没有献上和好的祭，罪人无法来到神面前。而唯一可蒙神悦纳的祭，就是耶稣代替罪人而死，流出宝血，牺牲他的性命，死在十字架上。因此，会幕内的首要真理，就是由这祭坛所代表，讲的是耶稣的血。血使罪人与神和好，然后使重新和好的人分别出来，把他从撒旦的国度迁到神的国度。

祭司从祭坛走到会幕之前，还必须经过铜盆，就是洗濯盆。若仔细读上面的经文会发现，祭司不能向左或向右绕过洗濯盆，必须先在这里洗净双手和双脚。洗濯盆是神给祭司的供应中不可或缺的。

洗濯盆象征神的真道，洁净我们，使我们改变更新。当我们默想而遵行神的道，在性格、态度、外貌上，还有日常言行都会逐渐被改变。

当我们默想而遵行神的道，在性格、态度、外貌上，还有日常言行都会逐渐被改变。

神说，如果祭司没有先在洗濯盆洗净自己就会死。我们常常强调宝血是多么重要，但如果我们没有用真道的水洗净，也会受惩罚，就是死。我无法想象有什么更强烈的方式强调这个绝对重要的真理，基督徒不但倚靠耶稣宝血的救赎，也要顺从神的真道，持续不断地被洗净，迈向成圣。

旧约的洗濯盆有一画面特别令我觉得生动，就是前面那段经文所看到的，进入圣殿供职前必先在洗濯盆前洗净。

耶和华晓谕摩西说："你要用铜做洗濯盆和盆座，

分别为圣

以便洗濯。要将盆放在会幕和坛的中间，在盆里盛
水。"（出埃及记三十：17-18）

我对用于会幕以及后来用于圣殿中的金属理解是，金子
代表神圣洁本质，银子代表救赎，铜代表审判。你注意到祭
坛是铜做的，祭坛就是审判之处。会幕里也用到纯金和打造
的金子，纯金象征神自己，打造的金子是教会，被模塑成他
的模样。（参见罗马书八章29节）

他们洗手洗脚就免得死亡。这要作亚伦和他后裔世
世代代永远的定例。（出埃及记三十：21）

我们不太常听闻这铜盆的事，但这洗濯盆是以色列的祭
司职事中不可或缺、永远的定例。祭司从祭坛走到会幕时，
必须先用洗濯盆的水洗净，从会幕出来到祭坛一样必须在洗
濯盆洗涤。我想到以弗所书五章26节所说的"用真道的水洗
净"，完全是洗濯盆的写照。

血与水如何一起作用

为了进一步强调这些重点，让我们回头看约翰壹书第五
章：

这借着水和血而来的，就是耶稣基督；不是单用
水，乃是用水又用血，并且有圣灵作见证，因为圣

140

灵就是真理。（6-7节）

这两大要素—耶稣的血是救赎的祭，而水则是真道，经常的洗净我们使我们成圣—必须一起作用。没有血，我们就无法接近，就没有生命。而若没有真道，我们就不洁净，就无法成圣。我们的污秽不洁不能被洗去，就无法进到神面前。

没有血，我们就没有生命。但若没有真道，我们就不能成圣。

因此，首先我们倚靠血得蒙救赎，其次靠真道的水洗净而成为圣洁。这完整的作用可产生一个圣洁的、蒙神悦纳的教会。由此可见，得蒙宝血救赎并非唯一的终极目标。终极目标是先被救赎，接着被真道洗净而成圣。

第十五章

照镜子

前章看过在旧约中会幕的洗濯盆具有重要的洗濯和洁净的作用，特别是它预表了新约真道的水，即此洁净作用的应验。本章把焦点放在洗濯盆的另一作用—像镜子一样，与真道的角色并行。

首先来看出埃及记卅八章8节提到洗濯盆有一个特点挺有意思。圣经一般很少说明会幕器具的制作材料，但是洗濯盆的材料却说得很清楚，我确定这当中必有神的目的。

他（比撒列）用铜做洗濯盆和盆座，是用会幕门前
伺候的妇人之镜子做的。（出埃及记卅八：8）

在会幕时代以色列人并无玻璃镜，只有经过精细抛光的黄铜或青铜，而上述经文告诉我们，为了做这个洗濯盆，妇女们必须牺牲她们的镜子。这里的概念并非要妇女不可注意外貌打扮，反之，最重要的思想是强调不再从物质的镜子照见自己，而是要用真道的镜子照见自己的灵性。

神所看重的是内在的圣洁之美，不是外在美。圣经说外

142

在的美貌是"虚浮"的，必随年华老去（参见箴言卅一：30）。在此神暗示我们，该是注重内在胜于外在的时候了，我们必须把对外貌的关注，转移到对灵性经历的关注。

洗濯盆的镜子作用，让我们把用水洗净和照镜子直接连起来，让我们看一节传达此观念的新约经文，在雅各书中提到神的道就像一面镜子。

> 因为听道而不行道的，就像人对着镜子看自己本来
> 的面目，看见，走后，随即忘了他的相貌如何。
> （雅各书一：23-24）

照镜子的时候，你看见所有需要调整的缺点—头发凌乱、脸有点脏、领带歪了、衣服上有一污点—然后转身走开就忘了刚才看到的缺点，没有采取弥补的行动，这不是没有可能的，但若是这样，当初何必照镜子呢。

雅各的意思是说，如果你读圣经或听证道时看见灵性的需要，却不采取矫正的行动，那么你就像一个人照镜子时看到需要调整的地方，但却什么都没做。那么照镜子对那人并没带来任何好处。

雅各接着讲到积极面：

> 唯有详细察看那全备、使人自由之律法的，并且时
> 常如此，这人既不是听了就忘，乃是实在行出来，
> 就在他所行的事上必然得福。（雅各书一：25）

分别为圣

我们内在的灵性状况

因此，神的道就像一面镜子，我们照这面镜子就照见自己里面的灵性状况。

既看见了就有责任采取行动

在医治释放的聚会上，我会对大家这样说："请勿期待我会走到你面前，用手指着你额头说：'你身上有一个邪灵需要赶出去。'"我不会那样做。相反地，我会高举真道的镜子，好让大家照镜子就能看见需要采取什么行动，那是他们的决定和责任，不是我的。

其实不论是传道、教导和祷告服事都是一样的道理。我们传道人高举这面镜子，而听道的人有责任照着所看见的采取行动。况且，如果你看见却没有行动，对你不但毫无益处，反而给你定罪，不是祝福。

我们从前面所查考的圣经看到镜子和洗濯盆都一样是用铜做的，前面我也提到三种基本的金属与其在圣经中的属灵意义，让我们再说清楚：金子代表神的属性是圣洁的，银子代表救赎，而铜则代表审判。

你会发现这些原则贯穿整本圣经，例如，在拔摩岛，启示者约翰看见荣耀中的耶稣，他的"脚好像在炉中锻炼光明的铜"（启示录一：15）。那是基督来审判恶人的画面—在审判中把他们踩在脚下。

我们需要自己审判自己

当我们看着真道的镜子照见自己真实的情况，神期待我们照着所见的自己审判自己。这个真理使徒保罗清楚地表达，当然他是在圣灵的默示下指出这个责任在我们自己身上：

我们若是先分辨自己，就不至于受审。（哥林多前书十一：31）

最高的境界就是用真道所照见的自己审判自己（评估自己的行为或态度），接下来的32节将此思想表达得更完整：

我们受审的时候（以信徒的身份被神审判），乃是被主惩治（惩罚、管教），免得我们和世人一同定罪。

容我重申，灵命的最高境界可不是神一直惩治我们，而是当我们照真道的镜子时，看见生命中哪里犯了错，然后采取行动悔改就不必被惩治了。

当我们照真道的镜子时，就看见生命中哪里犯了错，然后采取行动悔改。

如果我们自己不采取行动悔改，神就会运用他的管教惩治我们，而他的目的是免得我们和世人一同定罪。但若我们抗拒神的管教跟着世俗潮流走，那我们就会和世人一同受审判，"我们若说自己无罪，便是自欺，真理不在我们心里了"（约翰壹书一：8）。

在另一方面，我们可以照真道的镜子，看清楚我们生命中哪里犯了错——错误、过失、重点搞错、不好的态度。于是我们就采取审判自己的行动，我们说："这样是错的，我不应该这样做，我要弃绝它，主啊，我要悔改，请你救我脱离它。"如果我们采取这样的行动，神就不必惩治我们了。"我们若认自己的罪，神是信实的，是公义的，必要赦免我们的罪，洗净我们一切的不义"（约翰壹书一：9）。

我发现许多基督徒曾碰到各种被管教的经验，其实本来可以轻易避免的，如果他们从真道的镜子看见后就采取行动的话。你的很多麻烦其实不是为义的缘故受逼迫（别自欺了），而是你自己顽固的后果，是你照自己的意思走，即使神已经用他的真道指出了你的实情，你还是不肯改。所以神说："那好吧，我不得不管教你，因为你照了镜子却没有采取改正行动，以避免受惩治的后果。"

我不相信选择服事耶稣基督是一个特别艰难的选择。就我个人而言，当我听到有人说，如果你决定服事基督，一切都会变得很辛苦，我听了就觉得难过，因为那不是真的。我跟你讲白了吧，当你服事基督，可能会碰到逼迫和艰难，但如果你决定不服事基督，情况会更糟。请务必搞清楚这点。

走信仰的路当然会碰到逼迫和反对，但我们所碰到的许多情况并非逼迫，也不是遭遇敌对。实在是我们自己猪头，神不得不管教我们，因为我们虽看见真道所照见的自己，却不肯采取改正的行动。

镜子的好处

让我们平衡一下，镜子也有镜子的好处，它不只让你看到你有多糟。当你照着神的要求去做，然后你再照镜子，你知道你看见什么吗？你看见耶稣基督，借着基督你看见神眼中的你。

关于这美好的镜子还有一节经文，提到在摩西律法下的以色列人的对比。当摩西会见神之后，他发现他必须用帕子遮脸，这样别人就不会看见他脸上所反映出神的荣光，等他再去会见神的时候，才把帕子取下（参见哥林多后书三：11-16，出埃及记卅四：28-35）。这帕子代表的是，摩西的启示有某些不够完整之处。而保罗说在新约之下的我们情况可就不同了：

> 我们众人既然敞着脸得以看见主的荣光，好像从镜子里返照，就变成主的形状，荣上加荣，如同从主的灵变成的。（哥林多后书三：18）

你一定要掌握这极重要的真理：唯当你在某种情况下，神的灵才能够在你身上做美好的工作。什么情况下？就是当你照真道的镜子时。如果你的眼睛不看真道的镜子，神的灵就不能在你里面动工。当你看着真道的镜子，圣灵就动工，把你改变成合神心意的样子。当你看着镜子，你看到的是基

分别为圣

督的荣耀，圣洁的美丽，那就是神的灵会把你变成的模样。

　　这就是神要使你改变更新的计划，他要你实际经历成圣，他要改变你的反应、渴望、态度、情绪和热诚。当你照真道的镜子并相信你所见的就会被改变，圣灵会改变你，使你"荣上加荣"。

　　唯独持续照镜子的信徒，才会敞着脸从真道的镜子里看见耶稣的荣光愈来愈显明。很多人的问题在于，当碰到问题时就把目光从镜子移开了。

　　当你看着基督的荣耀，圣洁的美丽，神的灵就会把你变成那个样式。

　　希伯来书有句话论到摩西，深深触动了我：

　　他因着信，就离开埃及，不怕王怒；因为他恒心忍耐，如同看见那不能看见的主。（希伯来书十一：27）

　　真美的一句话，怎么看不能看见的主呢？不是用肉眼看，也不是看外在的环境情况，而是看镜子，镜子能让你看见那不能看见的——看进永恒里。

从患难中看见那不可见的世界

　　在哥林多后书四章17-18节，保罗说到看进永恒里，看见那不可见之事的原则，他一开头就说："我们这至暂至轻的苦楚"（17节），至轻的苦楚，令我不禁想问，今天有些人老抱怨生活是在抱怨什么，保罗被人打过五次，被石头丢过一次，遇到船难两次，你去读一读哥林多后书十一章23-28节，看他列出多少桩患难苦楚，然后你再想想保罗这句话"我们这至暂至轻的苦楚"。

你会听到有人说，保罗算是某种身障人士，因他有眼疾，而且跛足。我只能说，如果保罗是身障者，那么请给我们教会更多像他那样的身障信徒吧！保罗能承担那么多苦楚，身障于他根本不是障碍，而经历过那么多事情以后，请听他怎么说：

> 我们这至暂至轻的苦楚，要为我们成就极重无比、永远的荣耀。原来我们不是顾念所见的，乃是顾念所不见的；因为所见的是暂时的，所不见的是永远的。（哥林多后书四：17-18）

我们"见"什么呢？从真道的镜子里看见永恒的、看不见的事。看见的同时，我们那"至轻的苦楚"就产生出属天的结果和神的旨意。然而，如果我们不看镜子，圣灵的工作也就停止，直到我们目光再度定睛真道的镜子。

保罗指出，这个由圣灵从天介入的过程有其目的，他提到他在外邦人中间的服事，说：

> 使我为外邦人作基督耶稣的仆役，作神福音的祭司，叫所献上的外邦人，因着圣灵成为圣洁，可蒙悦纳。（罗马书十五：16）

分别为圣

在希腊原文，这里的时态其实是完成式："已经靠着圣灵成为圣洁了。"保罗所描述的是圣灵使我们成圣的过程，甚至在我们还不认识神的时候就开始了，目的是要我们成为圣洁。他吸引我们，把我们分别出来，把十字架启示给我们看，领我们到血线前，又带我们越过血线，然后在我们一直看着镜子的时候，用真道的水洗净我们，使我们不断朝成圣迈进。

这一切的终极目的是，外邦人（信靠耶稣基督的非犹太人）可以成为蒙神悦纳的祭，靠着圣灵充足地、完整地、完全地成为圣洁。这个目的也应用在我们身上。

第十六章

信心与行为—我们的回应

我们已经把神的供应都看过了，包括耶稣和圣灵的工作，好叫我们能响应他的圣洁呼召。本章要更详细地讨论我们对神介入的响应—亦即，我们的信心与行为。

信心是不可少的

首先让我们来谈一谈信心。就某一点来说，神不能越过我们的信心而行动，在这过程的起点上，也就是他吸引我们就近他之时，我们没有运用主动的信心，神就动工了。但是要达到他旨意的高峰，就有赖我们凭信心的回应了。若要神的旨意成就在我们身上，以信心回应的时刻是不可少的。

连结到前一章所讨论的，凭着信心我们接受在真道镜子中所见的，在我们照镜子时就为自己的罪悔改，改变我们走的路，降服下来接受神的管教，"我们若在光明中行，如同神在光明中"（约翰壹书一：7），并且"按真理而行"（约翰参书3节），这样做的时候，如前所述，就是凭信心接受在真道里所见关于自己的美好真理。别忘了，我们并不

151

分别为圣

在基督以外，更非在神的恩典之外，我们信徒已在基督里取得与神和好的地位了。

让我们仔细看一连串令人鼓舞的话，每一句都可应用在所有信徒身上，但必须由你个人凭信心接受，才会在你身上产生果效（以下是我们在基督里可以经历到的，但请注意，这不是涵盖全面的列表）。

"在爱子里蒙悦纳"

以弗所书一章5-6节说，我们得以成为神儿女的恩典"是他在爱子里所赐给我们的"，"爱子"就是耶稣基督，请你务必了解，神要你，他接纳你。

在英文圣经的上述经文中有"接纳"的字词（中文圣经并未译出），其实这字眼的真理还要更深刻，希腊文charitoo被英文圣经译为"接纳"，其意思是"恩典"，有"赐予殊荣"、"蒙悦纳"、"大受恩宠"的含义。同一字词出现在天使加百列向童贞女马里亚显现时，说："蒙大恩的女子"（路加福音一：28）。换言之，天使对她说："妳是蒙恩、被悦纳的，妳是神的恩典和恩宠施予的对象。"在基督里，每一位信徒都成为这特殊恩典和恩宠的施予对象。

神欢迎我们来，无数的人从小到大觉得被排斥，被父母拒绝、被朋友排斥、被社会拒绝，有时连教会也排斥他们。他们必须明白一件事，就是当他们在基督里来到神面前，是被神完全接纳的，不只是宽容而已。容我重申，你要了解你在基督里已经被接纳了，这点极其重要。我经常带领人以祷告作这样的告白：

神啊，我感谢你，在耶稣基督里，你已经接纳我了。神就是我的天父，就是我的家，我是神家中的一份子。我是属神的，我不只是获得宽容而已，我完全被接纳了。

再无定罪

关于我们在基督里的经历，罗马书八章1节指出另一项美好的真理：

如今，那些在基督耶稣里的就不定罪了。

过去的事都处理了，你靠着耶稣的血被称为义了。

你不被定罪了、你没有罪了，过去的事都处理了，你靠着耶稣的血被称为义了（参见罗马书五：9）。可能你听过"称义"的定义："就好像我从没犯过罪。"称义就是这个意思。基督的义成为我们的义—连魔鬼都找不出缺点或污点的义。

分别为圣归给神

此外，希伯来书十三章12节说，我们是靠着耶稣的血成圣的："耶稣要用自己的血叫百姓成圣"，意思是靠耶稣的血，我们被分别出来归给神了。

分别为圣

不断被洁净

还有，在约翰壹书一章7节明确地说，我们要持续用耶稣的血洗净一切的罪：

我们若在光明中行，如同神在光明中，就彼此相交，他（神）儿子耶稣的血也（持续）洗净我们一切的罪。

向着神活

罗马书六章11节保证说，我们是靠神的生命活着：

这样，你们向罪也当看自己是死的；向神在基督耶稣里，却当看自己是活的。

以上每一句神的话都是美好的真理，我们必须凭信心接受；而既然凭信心接受了，就得把真理行出来。也就是信心必须化为行动—行为。

积极的行动和行为

凭信心接受真理并且行出来，可分为两方面：消极面—我们不去做的事；积极面—我们要去做的事。千万别让魔鬼把你局限在消极面，你必须跨越消极面，进入积极面。

第十六章 信心与行为—我们的回应

举个例子。你必须"向罪……是死的"（罗马书六：11），但请千万别停在那里！你还必须"向神……是活的"（11节），向罪死而向义活。

换言之，单单不做坏事还不够，那不能使你成圣，更非神的圣洁本性。在马太福音五章，耶稣说明了圣洁与我们行为的关系：

你们的光也当这样照在人前，叫他们看见你们的好行为，便将荣耀归给你们在天上的父。（16节）

"让你的光照在人前"意思就是要有让人能够看见的好行为，所以不光是遵守一套负面表列的规定就可以，还要有积极正面的力量。事实上，我相信圣洁是全宇宙最强大的运作力量。若只是退缩到不做坏事的消极生活形态，然后说那叫"圣洁"，根本是自欺，神的意思绝对不是那样。

在罗马书六章可清楚看见此真理，保罗对那些向罪看自己是死的，而向神活着的人说：

所以，不要容罪在你们必死的身上作王，使你们顺从身子的私欲。也不要将你们的肢体献给罪作不义的器具……（12-13节）

这是负面表述一不要容罪在你们身上作王了；不要再将你的肢体给罪作工具，被罪控制了。我曾听人说："谁想进天堂，谁就得学会说不，而且是说到做到。"确实如此。总

分别为圣

有一刻你得对魔鬼说不、对罪说不，而且真的说到做到。当你说不的时候能不能说到做到，我敢跟你保证魔鬼清楚得很。反应不同，结果就完全不同。容我重申，你必须向魔鬼说不，向罪说不，而且是认真的，这是第一个部分。

总有一刻你得对魔鬼说不、对罪说不，而且真的说到做到。

第二个部分—积极表述的部分—在你有心的抉择之下，把你的身心全都交给神和圣灵，让他掌管。

……倒要像从死里复活的人，将自己献给神，并将肢体作义的器具献给神。（13节）

要拒绝魔鬼利用你的身体，反倒要将肢体献给神。歌罗西书进一步阐释这件事的必要性：

所以，要治死你们在地上的肢体，就如淫乱、污秽、邪情、恶欲，和贪婪（贪婪就与拜偶像一样）。（歌罗西书三：5）

"治死"的意思就是"置于死地"，首先，你要把血气的"肢体"看作是死的，其次，要一直让它们保持死的状态。显然每个人都有某个难以摆脱的罪，好比：情欲、贪婪、恶欲、说长道短、贪食等等，你必须把在你生命某些领域中难缠的罪治死，你没办法一次搞定，而是必须一而再、坚持地决定，那个难以摆脱的问题再也不能辖制你，它已死了，它死了，它死了。换言之，你"治死"了它，你把它置于死地，它不会再活过来。

当然，光是一直保持它在死的状态还是不够，你必须有相应的积极作为，而这积极表述就在约翰壹书三章3节：

凡向他有这指望的，就洁净自己，像他（基督）洁净一样。

在迈向圣洁之路上，光是治死你的身体还不够，你还必须洁净自己，圣经说，遵行神的道就是洁净自己了，此事实在彼得前书一章22节表达得很清楚：

你们既因顺从真理，洁净了自己的心……

我们洁净自己身子的方法，就是顺从有关身子的真道教导。我们治死它们，向着罪当作是死的，我们洁净它们，还要使它们越来越洁净、越来越圣洁。

在我们的人际关系上

在与他人的关系上，同样要运用以上圣洁生活的消极面和积极面。消极面是，我们必须跟不敬虔、不纯洁、污秽的事情划清界限。积极的行动是，我们必须与敬虔的、纯净的、公义的事连结。

提摩太后书二章陈述了这真理：

分别为圣

> 在大户人家，不但有金器银器，也有木器瓦器；有
> 作为贵重的，有作为卑贱的。（20节）

保罗这里说的"大户人家"是指教会，他确切地说，在教会里有各式各样的人，他称之为"器皿"，有洁净的器皿，也有不洁的；有作为贵重的，也有作为卑贱的。

这用在我们今日的经验也是一样，不论到哪里都可以发现，有真正的信徒过着圣洁生活；也有假冒为善的，他们是假信徒，还有一些是冷淡退后已经离开神的，这些人都没有过着清洁、纯净、圣洁的生活。所以保罗说，有作为贵重的器皿，亦即干净的器皿；也有作为卑贱的器皿，亦即污秽不洁的。接着在21节保罗给我们建议：

> 人若自洁，脱离卑贱的事，就必作贵重的器皿，成
> 为圣洁，合乎主用，预备行各样的善事。

显然到了一个时候，你必须不再跟那些没有行在光中、没有行出真理、没有随从圣灵，甚至可能对你产生负面影响的人切断关系，即使他们可能是教会的肢体，可能作过信仰告白，可他们却没有作为贵重的器皿，反倒作了卑贱的器皿。圣经说，我们必须跟他们有所区别。顺着同样的脉络，保罗又说：

> 你要逃避少年的私欲，同那清心祷告主的人追求公
> 义、信德、仁爱、和平。（提摩太后书二：22）

第十六章 信心与行为——我们的回应

首先讲负面——逃避少年的私欲，接着讲正面——追求美善的事，如公义、信德、仁爱与和平。你必须结交对的朋友一起追求这些美德："同那清心祷告主的人"，从这个非常简单的表达可见追求圣洁的实际步骤。每一处圣经都先提到一个负面的步骤，接着是正面积极的步骤，光是做到负面消极的部分绝对是不够的，不可停留在那里。

让我们速览一下本章到目前为止所谈的：

1. 从负面来看，不可把我们的肢体献给罪和魔鬼所用，我们要说："不行，我不归你们用，我不会听你们的。"接着从正面着手，我们要顺从圣灵，说："现在我的肢体完全归你使用；我的肢体要作义的器具让你掌管。"

2. 从负面来看，我们要治死过往与罪有关的污秽行为。接着从正面着手，我们要洁净自己，就是要持续地遵行神的道。

圣洁的积极面就是追求美善的事，如公义、信德、仁爱与和平。

3. 从负面来看，我们要远离那些自甘作卑贱"器皿"的人——就是不洁、污秽，没有过圣洁生活的人。接着从正面着手，我们要和那些行在圣洁、公义、真理中的人作朋友。

以上就是成圣过程中形诸于外的部分。

应许之梯

在本章尾声之际，我想提出三段对圣洁生活有实用说明

分别为圣

的经文。

首先回头来看哥林多后书：

> 亲爱的弟兄啊，我们既有这等应许，就当洁净自
> 己，除去身体、灵魂一切的污秽，敬畏神，得以成
> 圣。（七：1）

这节经文的焦点是以真道的应许为基础，展开我们洁净自己的过程。如同我在本书前面所指出的，神的供应都在他的应许里了。当我们照应许去行，就洁净自己"除去身体、灵魂一切的污秽"。

第二、三段经文——一段取自旧约，另一段取自新约——则给我们非常美丽的画面，第一段在创世记廿八章描写雅各梦见的天梯。这梯子从地上通到天上，梯子上有天使。雅各是在逃离家园的夜里作这梦的，当时他在异地漂流，因为他行诡计诈骗，结果搞到自己两袖清风地逃亡，他自己说他除了手杖之外，什么都没有。

雅各就是在这样的情况之下走到一个地方过夜，当黑夜降临，他仍无遮蔽处，只得拿石当枕席地而眠。就在那空虚、孤绝、凄清的夜里，神对他说话，给他好几个应许。让我告诉你吧，人的尽头就是神对你说话的起头。在梦中神开启雅各的眼睛，让他看见一个从地上通到天上的梯子，有神的使者在梯子上，上去下来。

请记住这个画面，然后我们来看最后一段经文：

神的神能已将一切关乎生命和虔敬的事赐给我们，
皆因我们认识那用自己荣耀和美德召我们的主。 因
此，他已将又宝贵又极大的应许赐给我们，叫我们
既脱离世上从情欲来的败坏，就得与神的性情有
分。（彼得后书一：3-4)

将这两个画面放在一起，首先我们看到从地上通到天上
的梯子一象征从世界的败坏到神圣洁的本性。 第二个画面
是梯子上的横档，每一个横档代表神的一个应许。 保罗在
哥林多后书七章1节说： "我们既有这等应许，就当洁净自
己。" 换言之，让我们一步接一步地爬这个天梯。 每次你支
取神的一个应许，就是让自己爬上一阶，愈来愈高，愈来愈
接近神和神圣洁的本性。

通往神的圣洁之路就是走在他的应许上。

从地上通到天上的雅各之梯，就是真道和神的应许。 站
在神的应许上，一个接一个地支取应许，就会逐渐往上爬。
当你支取应许就要应用出来，身体力行，逃避世俗的败坏，
就得与神的性情有分。

我们就是这样行出起初凭信心领受的成圣。

分别为圣

第十七章

迈向圣洁的实际步骤

本书至此已确立了神是圣洁的，所以他要求他的百姓要圣洁。尽管达到圣洁看似不可能，但我们已得知有好消息—神已供应我们达到圣洁所需的一切。他的供应可从七方面来看：耶稣基督、十字架、圣灵、耶稣的血、神的道、我们的信心和行为（表达信心的行动）。

我们也看到神的供应在我们生活中实际地运行，他为我们采取的行动从亘古就开始，直到时空之下。父神在永恒里预知、拣选、预定了我们。然后，圣灵在时空下开始了使我们成圣的工作，而且一直持续下去。我将这成圣的工作划分成三个阶段：吸引、分别和启示。

圣灵开始吸引我们，把我们从众人中分别出来，领我们到启示之地，让我们看见基督和十字架的真理。圣灵领我们来到血线前，当我们跟随他的带领跨越血线，就从撒旦的领域迁移到神的国度里。当然，圣灵使我们成圣的工作从未中断。

耶稣是我们成圣的完美典范

现在让我们以耶稣为榜样，进一步看这圣洁的教导如何实际应用。以下内容也不妨下个标题："如何使自己成为圣洁"，我们要涵盖你可以实际怎么做，来响应神已成就之事和他提供给你的一切。

就成圣而言，如同在灵命其它方面一样，耶稣都是我们最完美的榜样和模式。你或许未察觉耶稣自己也因圣灵而成圣，然而在约翰福音第十章有段话就有这个意思，耶稣跟犹太人辩论，他自称是神的儿子，犹太人责备他、拒绝接受他的自称，但他引述旧约经文具体应用在他自己身上。

蒙拣选、得以成圣、然后被差遣

在此我们不花时间深入整本圣经讲解耶稣引述经文的背景，他引述的是诗篇八十二篇6节。反之，我们要从他在约翰福音里引述诗篇的那段话看起：

耶稣说："你们的律法上岂不是写着'我曾说你们是神'吗？经上的话是不能废的；若那些承受神道的人尚且称为神，父所分别为圣、又差到世间来的，他自称是神的儿子，你们还向他说'你说僭妄的话'吗？"（约翰福音十：34-36）

圣父使圣子耶稣成圣，又差他到世间来。这意味着天父在永恒里为了一具体的任务拣选了耶稣，在天上或地上别无

163

分别为圣

其它人能完成这任务。既拣选了耶稣，他又使他成圣一把他分别出来做那工作。既使耶稣成圣，天父又差他在某一时刻进入人类历史的河流中，去完成那任务。

耶稣立下完美的模范：天父拣选他，天父使他成圣，天父差遣他。

接着来看约翰福音十七章，耶稣为门徒作的祷告，从16到19节的主旨是成圣：

> 他们不属世界，正如我不属世界一样。求你用真理使他们成圣；你的道就是真理。你怎样差我到世上，我也照样差他们到世上。我为他们的缘故，自己分别为圣，叫他们也因真理成圣。（约翰福音十七：16-19）

请注意耶稣在19节说："我自己分别为圣"，天父在永恒中已经将耶稣分别为圣，并差他来完成一件特殊的任务。但成圣并未完成，直到被差遣的这一位以自己分别为圣来响应神的旨意。因此，耶稣的成圣其实是直到他对天父说以下的话才完成的："我知道你拣选了我，也晓得你所赋予我的任务，现在我将自己分别为圣，我把自己分别出来，为了达成你将我分别为圣又差我到世上来的任务。"

回顾这些真理，我们看到成圣的过程始于天父在永恒里的拣选，接着耶稣使自己分别为圣，然后去完成天父差他去做的任务。从耶稣的行动中我们看到这些原则：当我们分别为圣，首先是回应父神，就是使我们成圣的神；其次是回应天父拣选、指定我们去完成的任务。

首先我们是回应父神，其次是回应我们被指定去达成的任务。

我要强调这点是因为我们需要明白，若只是成圣却没有被赋予任务的话，结果只是无意义的宗教活动或公式而已。成圣有两个含义：与神的关系和对一份任务的态度。没有任务，成圣就不完整。

耶稣对天父的态度

观察耶稣和父神的关系可了解很多有关成圣的真理。让我们来看一些经文如何描述耶稣对父神、对父神的旨意和父神赋予他去完成的任务的态度。

首先来看诗篇四十篇7-8节，请注意这些话曾被希伯来书作者应用到主耶稣基督身上（参见希伯来书十：7）。不过，我比较喜欢直接看诗篇，因为比希伯来书所引用的完整，请看诗篇四十篇：

> 那时我（圣子）说：看哪，我来了！我的事在经卷上已经记载了（在神永恒的旨意和计划中，已经载明我要扮演的部分）。我的神啊，我乐意照你的旨意行；你的律法在我心里。（7-8节）

这就是圣子对圣父的回应。当他发现天父的旨意"已经

165

分别为圣

记载在经卷上"，他说："我的事在经卷上已经记载了。我的神啊，我乐意照你的旨意行。"

这对我们也是非常好的真理，因为记载耶稣事迹的经卷，也记载了我们每一个人的事。上面写了关于耶稣和你我的事，我们的任务就是找出"经卷上记载"的关于我们一生的事。

我的事在经卷上已经记载了。（既承认神的旨意，于是我回应说）我的神啊，我乐意照你的旨意行；你的律法在我心里。

接下来要看约翰福音的三段经文，表达执行天父任务的耶稣与父神的关系，在约翰福音六章耶稣说：

因为我从天上降下来，不是要按自己的意思行，乃是要按那差我来者的意思行。（38节）

耶稣来就是要遵行神的旨意，就是启示在父神永恒计划中的旨意。当耶稣发现且分辨经卷上记载的神的旨意，他的回应实际上的意思是："看哪，我已经来了，要遵行你的旨意。"他又对周围的人说："我从天上降下来，不是要按自己的意思行，乃是要按那差我来者的意思行。"

再看下一段经文，是耶稣对腓力说的话，也是耳熟能详的：

耶稣对他说："腓力，我与你们同在这样长久，你还不认识我吗？人看见了我，就是看见了父；你怎

166

么说 '将父显给我们看' 呢？" （约翰福音十四：
9）

耶稣遵行天父的旨意，照天父的意思行，借此将天父启示给我们。换言之，他以遵行天父旨意—达成天父指定给他的任务—来使世人看见那看不见的天父。

第三段经文记载耶稣为天父交给他的任务祈祷：

我在地上已经荣耀你，你所托付我的事，我已成全了。 （约翰福音十七：4）

耶稣完成了天父托付给他的工作，以此荣耀天父。

这模式就是：天父拣选耶稣，使他成圣，然后差他去完成一项任务。耶稣发现神的旨意记载于经卷上，就说："看哪，我来了！……我乐意照你的旨意行。" （诗篇四十：7-8）他见证说："我从天上降下来，不是要按自己的意思行，乃是要按那差我来者的意思行。" （约翰福音六：38）因他按天父的旨意行，所以他能够说："如果你们看到我正在按天父的旨意行，就是看见天父了。" （参见约翰福音十四：9）耶稣既成全了天父所托付的事，就说："我已经荣耀天父。" （参约翰福音十七：4）

所以，耶稣达成了这些结果：第一、他将天父启示出来，第二，他荣耀了天父。由此我们也晓得成圣的终极目的：将那位使我们成圣的神显明出来，使他得荣耀。

分别为圣

两个平行的过程

以上观察了圣父与圣子的关系模式以及圣子对圣父的响应，接下来要揭示的是耶稣与他门徒的关系，再来看约翰福音十七章耶稣的祷告：

求你用真理使他们成圣；你的道就是真理。你怎样差我到世上，我也照样差他们到世上。我为他们的缘故，自己分别为圣，叫他们也因真理成圣。（17-19节）

请注意本段经文的一贯主旨是成圣。在18节，其实耶稣是对天父说："正如你差我进入这世界，我也照样差这些门徒进入世界。并且借着实现我的意思，这些门徒也会成圣，正如我因遵行天父旨意而成圣一样。"耶稣与门徒的关系模式，完全说明了天父与耶稣的关系模式。

如果我们仔细看约翰福音二十章21节会看到以下耶稣说的话，这次他不是向着天父说，而是直接对门徒说的：

愿你们平安！父怎样差遣了我，我也照样差遣你们。

这是完全平行对照的关系，天父拣选耶稣，使他成圣，又差他去完成一件没有别人能达成的工作。而在约翰福音二十章里，耶稣以同样的模式对门徒说："我已经拣选你们，把你们分别为圣，并且差遣你们去完成一件别人无法达成的任务。"

千万别忘了，成圣的第一根基是献给神，不是献给工作。虽然没有工作的话，成圣只会变成无意义的仪式或空洞的教条，但若没有把自己献给神，那么所做的不过是空洞的工作而已。

为一任务而分别为圣

请特别留意以下要看的经文在你身上当如何应用，在希伯来书二章11节：

因那使人成圣的和那些得以成圣的，都是出于一。
所以，他称他们为弟兄也不以为耻。

这节经文其实讲到三种人：第一、使人成圣的，第二、得以成圣的，还有第三、上述两种人同出于一的那一位。请花点时间想想这三种人，谁是"那使人成圣的"？（请小心回答）应该不是天父就是耶稣，是吗？正确答案是耶稣。使门徒成圣的是耶稣。谁是"那些得以成圣的"？正确答案是门徒。

多年前，我曾到宾州匹兹堡一间很大的长老教会证道，坐在我正前方的，不是坐在长椅座位上而是坐在地板上，是

分别为圣

两位非裔美国小男孩，比较大的那个应该不超过12岁。我拿上述同样的问题问会众："谁是那些得以成圣的？"我的问题才说完，那两个男孩中较小的一位就跳起来，说："是门徒！"这小男孩太令我惊奇了，真是特别敏锐的孩子啊！

现在只剩一位要指认了，"都是出于一"的"一"是指谁呢？当然是天父了"那使人成圣的"和"那些得以成圣的"都是出于他。父使子成圣，子使门徒成圣，他们都是出于一，就是出于天父。

但是别忘了，耶稣的成圣尚未完成，直到他回应天父的旨意，说："我自己分别为圣。父啊，你把我分别出来，现在我自己分别为圣，去做你已显明给我的任务。"照样，门徒的成圣也尚未完成，直到他们也同样说："耶稣，你拣选了我，你使我成圣，现在我自己分别为圣归你使用，完成你要我去做的任务。"

对我而言，以上描述的成圣模式合情合理。坦白讲，为了弄清楚这成圣的教义，多年来我不知读了多少东西，但绝大部分的结论都是一套规定："不可做这、不可做那。不可喝酒、不可抽烟、不可跳舞、不可骂脏话。"

我到哥本哈根传道时，曾经这样说："在你们城市中央有座雕像，它不饮酒、不跳舞、不抽烟、不骂脏话，可它不是基督徒，倘若那样就叫作基督徒，不妨种一棵树，树也不饮酒、不跳舞、不抽烟、不骂脏话、不看电影、不涂口红、不做任何你们认为不对的事，然后说它就叫基督徒。"前面说过，我费了很大的工夫去了解什么叫成圣，终于，靠着神的恩典我相信我找到了答案，其实很简单，就是天父拣选了耶稣，使他成圣，又差他去完成一件任务。耶稣的反应则是："父啊，我自己分别为圣了，现在我要去完成任务。"他在十字架上完成了任务。

耶稣拣选门徒，使他们成圣，又差遣他们去完成一项任务。但是每一位门徒都必须响应耶稣，正如耶稣响应天父一样。门徒必须向耶稣说："耶稣，我知道你拣选了我。我知道你使我分别为圣。现在，我自己要分别为圣，去做你差我去完成的任务。"

成圣的目标

务必在成圣的终极目标之脉络下去了解以上模式，如此我们才能清楚看到门徒为耶稣所达成的任务，就是耶稣为天父所达成的任务。耶稣为天父做了什么？就是把天父显给我们看，并且荣耀天父。

这原则也直接应用在作为门徒的你身上。当你发现你的任务，你就把自己分别出来，首先是献给耶稣使用，其次才是献给工作。然后，当你照着耶稣的旨意去完成任务时，就达成了两个结果：你将耶稣显给世人看，同时也荣耀了耶稣。成圣的最终目的又是什么？就是启示和荣耀耶稣。

成圣的最终目的就是启示和荣耀耶稣。

圣经常对旧约的属神子民说："当我在你们——就是我的子民身上显为圣的时候，异教徒就会知道我是神。"（参见

分别为圣

以西结书卅六：23)

　　成圣的目的不是为了使我们与众不同，不是使我们比别人"更神圣"，也不是遵照一套负面表列的规定。成圣的目的是启示和荣耀那位使人成圣的耶稣基督。但要获得这样的结果需要得以成圣的人响应耶稣，就像耶稣回应那使他成圣的父神一样。

　　让我们再看一次希伯来书二章11节，相信现在你读起来会比一开始我们讨论时更清楚：

> 因那使人成圣的（耶稣）和那些得以成圣的（耶稣
> 的门徒或跟随者），都是出于一（天父）。

> 所以，他称他们为弟兄也不以为耻。

　　耶稣称他们为弟兄也不以为耻是很自然的，因为他们实现他成圣的旨意，展现了他的本质。他们像一家人，像同一个模子刻出来的，他们都越来越像他—不只在理论上，不只在教义上，而是在本质上。他们以实际经验证明自己是神的儿女，展现出天父和身为天父儿女的本质。

第十八章

美好的秘诀

本章要更深入来看如何回应神按他旨意对我们的拣选。

不是你们拣选了我，是我拣选了你们，并且分派你们去结果子，叫你们的果子常存，……（约翰福音十五：16）

这里讲到拣选的起点不在门徒，而是在主耶稣基督。他拣选了我们，分派我们去完成他赋予我们的任务。在执行任务的时候，我们就结出常存的果子。

当我们朝着实现他神圣的旨意而行动时，16节的下半句就必实现：

……使你们奉我的名，无论向父求什么，他就赐给你们。

当你朝神的旨意迈进，所有的挫折、阻碍、摩擦都会消失，因你所行的与神的旨意完全相符，你达成他的目的，你

分别为圣

为达成他旨意所献上的祷告都蒙他垂听而成就。这就是祷告蒙应允的秘诀。这就是与神的旨意完全和谐。

　　这也是耶稣在地上生命的秘诀，他从不迟延，也不提早，他绝对不匆匆忙忙，也绝对不会焦虑。他从不怅然若失，他一无所缺。他和他的门徒所需要的一切随时都可支取得到，为什么？因为他所行的与神的旨意完全相符。

行在神的旨意中

　　当你我知晓自己在神旨意中所扮演的角色，所行的无不为了完成神所托付的任务，那么，我亲爱的朋友，我们就会看到罗马书八章28节的果效彰显了：

　　我们晓得万事都互相效力，叫爱神的人得益处，就
　　是按他旨意被召的人。

　　当你按他旨意去行的时候，就会看到万事互相效力，叫爱神的人得益处。就是当你行在神的旨意中，凡你奉耶稣的名向天父祈求什么，都必成就。但这当中的秘诀在于找到神要你做的事，并且照着神的旨意去做。

　　当你按他旨意去行时，就会看到万事互相效力，叫爱神的人得益处。

　　当你所行与神的旨意不符时，是没有办法支取罗马书八章28节的应许的。当你照他旨意去行的时候，就会有许多事情互相效力，使你得益处。或许你会被纠正、被管教，或许

是警告，总之那些可能是神用来把你导向他旨意的方法。当你完全照天父旨意去行，那就是万事真正互相效力而使你得益处的时候。那时你已经被拣选、被差遣，也响应神而向前行，你就会结出果子一而且是常存的果子。

许多基督徒的事奉并未结出常存的果子，因为那不是神要他们去结的果子，因为他们并未照神的意思去做。他们拚命地工作、完成自己的计划、做自己的事业，却说是"甘心"为神而做。

但耶稣可不是这样对待他的门徒，他说："不是你们拣选了我，是我拣选了你们。"你在神的拣选以外所做的任何事，都是草木、禾秸，在审判的日子要被烧净。（参见哥林多前书三：11-13）

为信仰"拚命"和真实的信心

我有个结论是，真信心的最大障碍就是为信仰"拚命"。举个例子，你说："主啊，我想要做点事情，你看到我有多努力在祷告吗？我已下定决心，这个人要得医治。"只要你把这种血气的努力和自我意志放到你的信仰里，那么你就永远不懂什么叫真信心。

多年来我听过很多空洞的祷告词，所谓凭信心的祷告和赞同，好比说："让我们同心合意祈求，事情就必成就！"然而我们都很清楚，许多人一致同意的事情未必成就。为何？因为在那一致同意之中，更多的是头脑的决定。例如，

分别为圣

我们都同意我们需要为一位生病住院的弟兄祷告。

在这一致同意里，首先需要与神的旨意相符，其次是代祷的人之间要彼此心意相合。

我学会一件事，当我能站到一旁停止瞎忙、不要自己拚命，我就会看到神成就非常稀奇的事。我深信教会信心薄弱的主要原因，是为着神并没有要求去做的事情而瞎忙。耶稣说："不是你们拣选了我，是我拣选了你们，并且分派你们去结果子。"在这基础上，你所结的果子才会常存。也是在这基础上"你们奉我的名，无论向父求什么，他就赐给你们。"（约翰福音十五：16）若把这基础拿掉，你就无权支取这应许了。

你是为善工而被造

在以弗所书有个真理和罗马书八章28节的下半句"按他旨意被召的人"类似，那就是：

> 我们原是他的工作，在基督耶稣里造成的，为要叫我们行善，就是神所预备叫我们行的。（以弗所书二：10）

我们都是神所造的。亲爱的朋友，如果你是基督徒，请不要批评自己，不要小看自己，不要老是讲你这也不能、那也不能。过去的失败不要再提了。为什么不要那样子说自己呢？因那等于是在批评神的工作，圣经说："我们原是他的工作。"

罗马书九章20节换了方式表达相同的思想："你这个人哪，你是谁，竟敢向神强嘴呢？受造之物岂能对造他的说："你为什么这样造我呢？'"陶器岂能指使陶匠该做什么。主是陶匠，我们是陶土。他决定要把我们造成怎样就是怎样，因为他心中已有定意。（参见罗马书九：21；以赛亚书六十四：8）

"我们原是他的工作，在基督耶稣里造成的，为要叫我们行善，就是神所预备叫我们行的。"这里的预备有"预先"的意思，就是"在世界的根基立定以前"。神预定了他的工作—为叫我们行善。我们不必决定我们应该要做什么，而是必须去找出神拣选我们要我们做的事。

我曾在海外的宣教工场与一群美好的同工配搭，他们都是很优秀的人，但我不得不说，我一辈子从没参加过那么多的委员会。（事实上，我想我对委员会过敏就是在那段时间染上的！）那时我们常一起开会："我们应该做什么？"有一次我对那些敬爱的宣教士弟兄们说："我们好不容易撑过一个危机，结果又跌入另一场危机中。这不可能是神的旨意。"问题在哪里？我们需要停止尝试决定我们应该做什么，而是要去找出神已经决定我们应该要去做的事。

让我们停止规划自己的人生、自己的事工和宣教事业。相反地，让我们找出神在创立世界的根基以前，就定好我们应该去做的事。当你明白你不必做一堆计划，可真是如释重负啊！你只需要把神已经定好的计划找出来。

分别为圣

发现美好的秘诀

让我们回顾一下诗篇四十篇："我的事在经卷上已经记载了。"（7节）耶稣并没有规划自己的人生和事奉，他"在经卷上"找到神已经计划好的，然后他说："看哪，我来了！……我乐意照你的旨意行。"（7-8节）

神在他的经卷上已经记载了你我的事，就像记载了耶稣的事一样。

我亲爱的朋友，美好的秘诀就在这里。神在他的经卷上已经记载了你我的事，就像记载了耶稣的事一样。当你找到经卷上所记载的你的事，并且开始照着去做，你肯定会是真正幸福的人。

不要瞎忙了，不要再拚命达成什么，不要再追求"卓越"，也别再那么"属灵"了。换言之，请你脚踏实地，我深信若有什么事是不实际的，那件事肯定不是属灵的。如果那件事行不通，神就不在其中。找出他记载在经卷上关于你的事，然后按他给你的呼召实际地去做吧。

或许你想：我怎么知道神对我一生的旨意是什么？那就是下一章的主题。

第十九章

活祭

现在我们要探讨我们对神拣选的反应，有一个层面十分重要，能使我们找出神在我们身上的旨意，从而按他旨意而活。所以我们要来查考罗马书十二章的前六节。第一节开头就说："所以"请要记得，当你读圣经读到"所以"，请务必回头找出"因为"，这"所以"必是从前面的原因连下来的。

为了真正了解这个"所以"，我们需要了解一下罗马书的层层推演，以下就是罗马书的结构大纲：

一～八章是基督信仰的基本要义，以系统化、智性的方式陈述耶稣基督福音的基本真理。

九～十一章是一种补述，或更完整的讨论神对以色列的作为，焦点在以色列人，包括说明为什么以色列人暂时被搁置一旁，还有，等时候满足了，以色列人将如何重新与神和好。以色列人暂时被搁置是如此不寻常，以致保罗觉得有必要用罗马书中三个章节的篇幅来说明这个情况。

十二～十六章主要陈述前面几章的基本真理，如何实际

179

分别为圣

显明在行为上，帮助我们把这些真理用在日常生活经验中。这就是十二章1节开头"所以"的由来，这是从前面一～十一章连下来的。

罗马书十二章1-6节彷佛神在对我们说："好，那么看你们有什么反应。"他对我们的期待就是这样：

> 所以，弟兄们，我以神的慈悲劝你们，将身体献上，当作活祭，是圣洁的，是神所喜悦的；你们如此事奉乃是理所当然的。不要效法这个世界，只要心意更新而变化，叫你们察验何为神的善良、纯全、可喜悦的旨意。我凭着所赐我的恩对你们各人说：不要看自己过于所当看的；要照着神所分给各人信心的大小，看得合乎中道。正如我们一个身子上有好些肢体，肢体也不都是一样的用处。我们这许多人，在基督里成为一身，互相联络作肢体，也是如此。按我们所得的恩赐，各有不同。……

神要你的全部

上面这段经文中，保罗揭示了一系列的步骤顺序，罗马书十二章1节是第一步，神期待我们做什么？把你的身体献给他。

绝大多数人会尝试从灵性层面做起，但神却从身体开始，他说："我要你的身体—包括身体的全部：灵、魂、体，把你的器皿给我，连器皿里盛装的也要献给我。"

此外，神说："我要你把身体放在祭坛上，献上作活祭。"这个出于神的指令，是刻意对比旧约献祭的指令。祭物要先被杀死，然后放在祭坛上。神告诉我们："我要把你的身体放在我的坛上，就像旧约里那些献祭的牲畜被放在坛上一样。那些羊、牛等牲畜如何被献在祭坛上，我也要你的身体照样献上为祭。只有一点不同，我不要死的，我要你们活着。"除了这一点不同，其它都平行对照。

保罗说我们要将身体献上"当作活祭……是神所喜悦的"，接着又说："你们如此事奉乃是理所当然的"。我相信这话可换成以下说法："神已经为你们做了那么多，这是你们最起码能够做的，从福音的真理来看，这也是合情合理的回应。"神所要求的是你—你的身体、你的灵、你的心、你的才能，你所有一切。请问你如何回应？你的回应就是把全部都放在祭坛上。

祭坛赋予祭物价值

让我们对祭坛多一点认识，在马太福音廿三章有一个很美的例子，经文中耶稣责备犹太的宗教领袖们在解经上的愚昧，比方他们说，如果你指着圣殿中的祭坛起誓那不要紧，不一定要遵守誓言。但如果你指着祭物或放在坛上的礼物起誓，那你就非遵守誓言不可。耶稣责备他们说：

分别为圣

你们这瞎眼的人哪，什么是大的？是礼物呢？还是叫礼物成圣的坛呢？（马太福音廿三：19）

请注意，不是礼物赋予祭坛价值，而是祭坛赋予礼物价值。不是礼物使祭坛成圣，是祭坛使放在其上的礼物成圣。因此，当你将自己的身体放在神的祭坛上，你的身体就因祭坛而成圣。只要你一直摆在祭坛上，你就持续因祭坛分别为圣，但请注意一点：假如任何时候，当你把自己的生命从神的祭坛上抽回来，决定走你自己的路、做你自己想做的事、自己高兴怎样就怎样，那么你就切断了与祭坛的连结。你的分别为圣就丧失了，因为礼物必须留在坛上才能一直分别为圣。

你能蒙神悦纳真得好好感谢神，你把自己献给他可不是你帮了他什么忙，而是神施恩惠给你、接纳你的生命。他接纳你并不是基于你是谁，而是基于你在祭坛上献出自己，这坛就是"耶稣基督并他钉十字架"（哥林多前书二：2）。

更新你的心意

接着来看罗马书十二章2节："不要效法这个世界，只要心意更新而变化，叫你们察验何为神的善良、纯全、可喜悦的旨意。"当你将身体献在坛上会发生什么事？你的心思意念会更新变化。你的思考方式会改变，你的心态、你的抱负、你的人际关系、你对事情的衡量、你的标准，通通改变了。由于内在的各项因素都改变了，所以你的生活方式也整个改变，你不再效法这世界，而是随着心意更新不断改变。

当你将身体献在祭坛上，你的抱负、你的人际关系和你的标准，通通改变了。

约翰壹书二章15-17节指出世俗的生活模式，让我们来仔细看一下。第15和16节描述属血气之人的心态，接着17节描述因身体献在祭坛上而心意更新之人的心灵与心态。

> 不要爱世界和世界上的事。人若爱世界，爱父的心
> 就不在他里面了。因为，凡世界上的事，就像肉体
> 的情欲、眼目的情欲，并今生的骄傲，都不是从父
> 来的，乃是从世界来的。这世界和其上的情欲都要
> 过去，唯独遵行神旨意的，是永远常存。（约翰壹
> 书二：15-17）

属血气的人里面充满"肉体的情欲、眼目的情欲，并今生的骄傲"，这些都是短暂、留不住、转眼成空的，是不真实又没有永久价值的事物。然而，当你心意被更新之后，你就开始照着神向你已被更新的心所启示的旨意去行，那你就会"永远常存"了。

这节经文真美啊，何不现在就把这句话大声念出来："唯独遵行神旨意的，是永远常存。"

我要告诉你一件会大大鼓舞你的事：当你遵行神旨意的时候，你就不会下沉，你无人可挡、无法摧毁，当你正行在

分别为圣

神的旨意中，无一事物能敌挡你。

可见找出神的旨意并照着去行有多么重要！你如何找出神的旨意？方法就是把你的身体献给神作活祭。当你献上身体的时候，心意就更新了；而当你心意更新了，就能发现神的旨意了。

发现神的旨意

罗马书十二章2节后半句为我们指出神旨意的一些重要方面：

> ……只要心意更新而变化，叫你们察验何为神的善良、纯全、可喜悦的旨意。（罗马书十二：2）

当你完全符合神的心意，你的一生将巨细靡遗地获得充分供应。

老实说吧，未更新的老我思想是找不到神旨意的，为什么？在罗马书八章7节，保罗说因为"体贴肉体的，就是与神为仇"。神不会把他的心意显给体贴肉体的人看，但是当你的心意被更新了，就会渐渐从经验中找到神对你一生的旨意。

发现神对你一生的旨意可分成三阶段，境界愈来愈高：第一、善良的，第二、可喜悦的，第三、纯全的。当你进入神纯全的旨意中，你的一生将巨细靡遗地获得充分供应。在神纯全的旨意中，连最小的细节也不会被忽略。然而要找到神的旨意，你得不断更新你的心意。并且当你朝着神旨意的方向移动，不一定立即进入他纯全的旨意中。起先你发现他的旨意是好的，然后你发现他可喜悦的旨意；而最后实现的则是他纯全的旨意。

按你信心的程度而行

罗马书十二章3节告诉我们发现神旨意的下一步：

我凭着所赐我的恩对你们各人说：不要看自己过于所当看的；要照着神所分给各人信心的大小（比例），看得合乎中道（谦虚地、切合实情地）。

神已经把你照他旨意去行所需的信心大小赐给你了，请记得，除了行他的旨意以外，其它方面的信心他可没有赐给你。只要你发现神的旨意，那么在神的旨意和你的信心之间必有一平衡点。假如一个人总是很难鼓起信心去追求他或她的目标，那么几乎可以证明此人并非行在神的旨意中，圣经说得很清楚，当你找到神对你的旨意，那么首先你必领悟到神已经把合乎他希望你去执行之任务所需的信心大小赐给你了。

许多年前我的第一任妻子莉迪亚，她在无任何支持的情况下搬迁到耶路撒冷，离开了在丹麦的一个良好的家庭和一份安稳的工作。到了以色列，莉迪亚开始收容无家可归的小女孩，不到几年间她就带了大约七十个孩子一她真的没钱，收容第一个女婴时，莉迪亚口袋里只有六美元，没有婴儿床

分别为圣

也没有被褥，她就用她的柳条篮铺上一些软质的衣物，用一件毛衣把婴儿包起来，就这样放在篮子里。莉迪亚的儿童之家就是从这样开始的。许多夜晚她彻夜祷告，祈求隔天早上孩子们都能有早餐可吃。

当莉迪亚和我计划结婚时，我心想：我不确定我能过得了那种生活，我真的不知道我有没有那种信心。我记得主以轻柔微声回答我的担忧，他说："你不需要有那种信心，因为我并未要求你过那种生活。我要你过什么样的生活，我就会给你什么样的信心。"

我们婚后的那几年莉迪亚常对我说："今天我无法做这件事。"为何不能？因为神并未要求她在她人生的那个时刻做那件事。神要求你做什么，就会给你那个信心去做。但是神不会给你他没有要求你去做的信心。

如果你的信心和你想要做的事情之间一直有冲突，那么我亲爱的朋友，有可能你想做的事情不对。很可能你还没有找到神对你的旨意，而原因也许是你的心意还未被更新。若是这样的话，那是你还没把你的身体放在祭坛上。

作为基督的一个肢体

在罗马书十二章4和5节，论到辨认我们信心大小之后的下一步：

正如我们一个身子上有好些肢体，肢体也不都是一样的用处。我们这许多人，在基督里成为一身，互相联络作肢体，也是如此。

接下来你要找出你是基督身子的一个肢体，你有你的位置和特别的功用。找出你在身子里的位置是很重要的步骤，只有一个地方可让你发挥适当的功用，就是神预定你的地方。假如神造你作"手"，若你试图扮演"脚"的功用，可就会失败得很惨。假如神造你作"眼"，若你想要大大发挥"耳"的功用，是没办法的。（参见哥林多前书十二：14-27）你必须找出你在身子里的位置，当你发现你是哪个肢体，无论是什么，你就能毫不费力一轻松又自由、毫不尴尬地发挥你的功用。

我的手作为一只手毫无问题，它"享受"作为一只手。它能做一只手该做的所有事情。但若我对我的手说："这样吧，你应该作一只脚，穿上鞋子走路吧。"那问题可就没完没了。很可惜，目前基督的身子里有好多手企图作脚，有许多眼睛尝试作耳朵。造成这种情况的原因，是这些人没有遵循真道所陈明的步骤，找出他们在身子里的位置。

发挥你的恩赐

最后我们要来看罗马书十二章6节的真理："按我们所得的恩赐，各有不同。……就当照着信心的程度……。"恩赐是从这里开始用的，在顺序上是最后，不是开头。当你找到你的位置，当你做你该做的，当你执行你的功用，你知道

187

分别为圣

你会发现什么吗？你会发现你做那件事所需要的恩赐。

请勿作这种独断式的祷告："主，我想要预言的恩赐。"或"我想要医治的恩赐。"或"我想要翻方言的恩赐。"不能这样祷告的。相反地，应该这样祷告："主啊，请将我在基督身体里的位置指给我看，你将你要我去做的事显明给我。"

当你执行你的功用，你会发现你做那件事所需要的恩赐。

我实实在在地跟你说，当你找到你的位置而且开始执行你的功用，你几乎不必为恩赐祈求，你会惊喜地发现恩赐自然发挥出来。

当我进入释放的服事时，就有两种属灵恩赐开始运作，根本不在我计划之内。一种是分辨诸灵的恩赐，另一种是知识的言语（参见哥林多前书十二：7-10）。我还记得早期作释放的服事时，那是1964年在科罗拉多州的丹佛市，服事对象是一位姐妹，会场里有好几个人在祷告，我跟她一起坐在沙发上，她用一种无助、可怜的眼神看着我，我真的非常怜悯她，出乎我意外地，我说："你需要从……获得释放。"我说出了大约十五种灵。我心想：这话从哪里来的？我怎么知道的？立即地，我领悟到这必是知识的言语。

我不必禁食五天痛苦地哀求说："主啊，请赐给我知识的言语。"我已进到需要知识言语的服事里，这是神为我定的旨意，所以神会负责把知识的言语赐给我。正确的次序就是这样。

神圣的逻辑次序

本章讨论至此，让我们简单回顾一下如何回应神的拣选，按照罗马书十二章1-6节，回应步骤如下：

1. 你要把你的身体献在神的祭坛上（耶稣基督并他钉十字架）。如果你从未跨出这一步，那么在本书最后我会给你这个机会。你应该很确定你有没有做过，如果你不确定，那么八成是还未跨出这一步。

2. 当你把身体献在神的祭坛上，那么你的心意就被更新了，你开始用完全不同的方式思考，因着想法不同你的生活也不同了，你不再效法这世界，你的行为改变更新了。

3. 神会把他对你的旨意向你已更新的心意显明，你会发现神的旨意有三个阶段：善良的、可喜悦的、纯全的。

4. 当你发现神的旨意，就会找到你按他旨意去做所需要的信心。神会照他要求你做的事所需的信心程度，赐给你信心。

5. 找到神对你的旨意，你也会找到你在基督身体里的位置和特别的功用。你会发现你是什么"肢体"，以及如何发挥你的作用。

6. 晓得你的位置且开始执行你的功用，这时你会发现自己正在发挥这位置所需要的恩赐。

以上就是当你作活祭时的神圣次序，这是你对神的拣选的正确反应。容我重申，耶稣说过："不是你们拣选了我，

分别为圣

是我拣选了你们"（约翰福音十五：16）。当你明白是神拣
选了你，你就会作出本章所说的那种反应。

第二十章

雕塑你的生命

从前面几章所读到的，你肯定知道自己的生命已经产生变化，神的旨意会渐渐显明，雕塑你整个生命和言行，使神的旨意得以实现。你可以很清楚地朝这方向一步步达成你人生的终极目的，成为圣洁的意义就在这里。

这个改变使你开始实现你人生目的，与神的性情有分，而为了达到这个更新变化，你需要接受像运动员般的训练。讲到这部分，我要带你读使徒保罗的两段话，首先是在使徒行传廿四章16节，这是我最喜爱的经文之一：

我因此自己勉励，对神对人，常存无亏的良心。

要到达并维持保罗所描述的状态需要灵性的操练，如同保罗自己开头所言"自己勉励"，就是需要应用出来。

接着我们来读哥林多前书九章，保罗说作为事奉基督的人要当自己是在场上竞赛的运动员，效法运动员的经验和原则：

岂不知在场上赛跑的都跑，但得奖赏的只有一人？

分别为圣

你们也当这样跑，好叫你们得着奖赏。凡较力争胜的，诸事都有节制，他们不过是要得能坏的冠冕；我们却是要得不能坏的冠冕。（24-25节）

任何想要夺冠的运动员都必须接受严格又有纪律的锻炼。

凡较力争胜的，诸事都有节制，他们不过是要得能坏的冠冕；我们却是要得不能坏的冠冕。（25节）

运动员争夺的是能坏的冠冕，就好比奥运的金牌、银牌或铜牌，但我们在属灵上操练自己，为的是要得永恒的奖牌—"永不衰残的荣耀冠冕"（彼得前书五：4）

保罗接着说：

所以，我奔跑不像无定向的。（哥林多前书九：26）

他的意思是："我知道我要往哪个方向去，我不是在跑道上忽左忽右不停地转换跑道，我有一个目标，我努力朝那目标直去。"

我斗拳不像打空气的。（26节）

换言之，"当我与魔鬼及其势力相遇，我就集中火力给予致命一击。我不是胡乱挥拳期望有一拳能命中。"

我是攻克己身，叫身服我，恐怕我传福音给别人，
自己反被弃绝了。（27节）

你有义务保持身体的圣洁，不使其因任何不洁的事或不
良习惯而被玷污。

请注意保罗再次把重点放在身体上，对于你的身体不可
鄙视也不可小看。你的灵和心思的器皿就是身体，身体是圣
灵的居所、圣灵的殿（参见哥林多前书三：16，六：19）。
你有责任保持这殿在最佳状态，你有义务保持身体的圣洁，
不使其因任何不洁的事或不良习惯而被玷污。你不可沉溺于
贪食或其它任何会使神的殿污秽或虚弱的习惯里。

事实上保罗是说："我像运动员一样严格对待自己的身
体，为要完全控制它，而不是让它支配我。"让我强调这一
点：身体是个好仆人，却也是个可怕的主人。千万别让你的
身体主宰你，你要主宰你的身体。

关于这方面，我的好友唐恩．巴杉（Don Basham）说
过一句话深得我心："不是我的胃告诉我何时该吃东西，是
我告诉我的胃何时该进食。"重点在此。不要让你的身体支
配你。我们的身体是美好的创造，我们只能和大卫同声说：
"我要称谢你，因我受造，奇妙可畏。"（诗篇一三九：
14）因此，我们绝不应鄙视身体，身体并不是恶的，而是美
好的，要善待身体、保护身体，你要控制它，用它完成神赋
予的任务。

分别为圣

训练有素的反应

让我们仔细看看竞夺冠军的运动员是什么模式，他的目标是跳得更高、游得更快、跑得更迅速，或其它想达到的成绩。他要如何达到呢？要做两件事：锻炼和纪律。我们要知道这两点也是灵命不可或缺的。为了达成特定目标，运动员要排除一切阻碍，锻炼一切有利于夺标的助力。

从信主以来我就属于五旬宗运动的一份子，但是这运动有一个问题，对于属灵恩赐太过狂热，以致顾不到需要结出圣灵果子，也无暇留意属灵的操练。但再多恩赐也无法取代果子。

耶稣说过："凭着他们的果子，就可以认出他们来。"（马太福音七：16）一不是靠恩赐辨认。事实上，耶稣责备有些人虽运用属灵恩赐却行不法之事（参见21-23节），至今仍有这种人。他们行不法之事，自己定规则、自己定标准，不服从任何人，然而他们却在运用属灵恩赐。

这是有可能的，因为神既把恩赐给人就不收回的。属灵恩赐是无条件的借出，完全是送你的礼物，怎么运用这礼物在我们身上，有三种方式：第一、可以正确地运用恩赐；第二、可以不用，而不用就会失去它们；第三、可以滥用恩赐。不管用哪一种方式，总之恩赐是我们的，我们要为如何使用它们向神交账。

至此我们又回到成圣的开端，当我把自己分别出来按照神的旨意去行，我就把我的身体献在坛上。当我将自己献作活祭，我的心思意念就被更新，我就发现神的旨意，然后我看到我的终极目标，我就以遵行神旨意为目标来锻炼我整个人。目的是什么？目的是要彰显和荣耀主耶稣基督，他拣选了我，使我成圣，又差遣了我。

你希望彰显耶稣吗？你希望荣耀他吗？只有一个方法，耶稣怎样启示、怎样荣耀天父，你也要照样去行。当你发现天父的旨意并遵行的时候，就能达成这目的了。

你满意吗？

几年前我很清楚地听见神对我说话，他直接给我一个挑战，当时我的灵命已到达一个阶段，他问我："你满意吗？你想更进深吗？"愿神宽恕我，但你知道我怎么回答？"主啊，假如还有更进深的话，我想要。"毕竟我可是个成功的五旬宗传道人啊！我曾无私地到海外宣教事奉他，我心想，当神问我："你满意吗？你想更进深吗？"的时候，这些他肯定都晓得吧。

很不好意思，老实说，我首先浮现的想法是："主啊，还有更进深的境界吗？"不过我还是这样回答说："主啊，假如还有更进深的话，我想要。"

然后主很清楚地回答我，说："有两个条件，首先，灵命的进步完全是靠信心，如果你不愿意在信心上进深，就不能更上一层楼。其次，如果你要达成我为你所定的服事，那么你一定需要强健的体魄，而你已经开始变得太胖了，你得多注意。"

那真是及时的忠告，感谢主的提醒让我在之后的年月省

分别为圣

了不少看医生的钱。总之我要强调的是，神让我看见我的身体是他为我一生所定计划中不可或缺的一环，如果我没有照他的要求维持身体的状况，就不能实现他的计划了。

请记得，尽管你是由灵、魂、体组成，但并非分成三块松散地连结随意移动。不，你是一个整体，身体是盛载灵与魂的器皿。你还记得前面提过，神说："把器皿给我，器皿所盛载的也要全部给我。"可别想说你可以给神一个"没有身体"的灵或魂，那不合乎他的要求。他要你整个身体献在他的祭坛上，你要保护你的身体、操练你的身体、将你的身体完全献给神。将你的肢体献给神作义的器具。

超自然的帮助

现在我要给你一个挑战，很久以前我就答应神一件事，我再也不要只讲一篇宗教的演说，每一次我都要给听众和读者一个机会，让他们响应我所呈现的信息。

现在我的挑战很清楚：你愿意将你的身体献上当作活祭吗？

如果你想积极响应这个挑战，最好的一步就是作一个委身于神的祷告，你不妨这样说：

天父，我奉耶稣的名来到你面前，将我自己献给你。我将自己当作活祭放在你的祭坛上，我要颂扬你是神圣的，全宇宙没有可与你相比的，你是圣洁的神，我向你跪拜，承认你是绝对公义又圣洁的，并且你握有我生命的绝对主权。

天父，因为你是圣洁的，所以你要你的百姓圣洁。我承认我没办法靠自己的能力或力量过圣洁生活，就算我尽最大努力都还不够格。因此，我只有完全倚赖你的怜悯和恩典。

天父，求你帮助我过圣洁生活，凡事顺从你，最好是能够像圣子耶稣那样顺从你。我要靠着圣灵所赐的力量，活出讨你喜悦的生命。天父，现在我将我整个生命交在你手中。祷告奉耶稣的名，阿们！

耶稣深知人性的软弱，他一直在为我们代求。

作了以上祷告，你就跨出了跟随主的重要一步，过圣洁生活是非常重要的。你需要每隔一段时间就重新作这个祷告，原因很简单，偶尔你还是会未达标准、不合格。

在那样的时候，只要记得我们的神是一位慈爱的父，耶稣是我们的救主，能体会我们人的软弱，而且一直在为我们代求（参见希伯来书七：25）。我们还有耶稣的保证，圣灵保惠师（帮助者）必引导我们进入一切真理（参见约翰福音十六：13），这提醒我们莫忘耶稣所做和所教导的（参见约翰福音十四：26）。

有了这种超自然的帮助，你必能在圣洁和顺服中与主同行。愿你在凡事上蒙他帮助，愿你读了本书信息后蒙他加添力量，更愿你将自己分别为圣归给他和他的旨意使用，好叫你蒙他赐福，在他的引领下实现人生目的。

关于作者

　　叶光明牧师（公元一九一五年～二〇〇三年）出生于印度，父母都是英国人。他曾进入英国伊顿公学（剑桥大学国王学院之预备学校）及剑桥大学接受学术训练，钻研希腊文与拉丁文，并曾获颁国王学院"古代与近代哲学"奖学金。他也修习过几种现代语言，包括曾在剑桥大学及耶路撒冷的希伯来大学修习希伯来文与亚兰文。求学期间，他已经是一位哲学家，也自称为不可知论者。

　　他于二次世界大战在英国陆军医疗团服役期间，开始以哲学角度研读圣经。他因着与耶稣基督大能的相遇经历而决志信主，几天后便领受了圣灵的洗。透过这次的相遇他得着两个结论：第一、耶稣基督仍然活着。第二、圣经是一本真实新颖、切合人生现况的书。这些结论彻底扭转他人生的走向，于是随后奉献一生钻研教导圣经，传扬神的话。

　　叶光明牧师于一九四五年在耶路撒冷从军队退伍后，与莉迪亚克里斯登森（Lydia Christensen）女士结婚，莉迪亚是当地一间孤儿院的创办人。婚后他摇身一变，成为莉迪亚所领养的八个女儿的父亲，其中有六个犹太孩童，一个阿拉伯裔巴勒斯坦孩童，一个英国孩童。他们整个家庭一起见证了一九四八年以色列国的重生。在一九五〇年末期，他们又领养了另一个女儿，当时叶光明牧师在非洲肯尼亚担任教师训练学院的校长。

叶光明牧师一家于一九六三年移民至美国，并且在西雅图牧养教会。他又于一九七三年成为"为美国代祷"（Intercessors for America）运动的创办人之一。他的著作《借着禁食祷告改写历史》（Shaping History through Prayer and Fasting）（直译）已经摇撼了世界各地的基督徒，劝告他们必须承担责任为政府祷告。许多人认为这本书的地下译本是使得前苏联、东德与捷克斯洛伐克政权垮台的重要著作。

叶光明牧师的第一任师母莉迪亚死于一九七五年，叶光明牧师于一九七八年娶了第二任师母路得贝克（Ruth Baker）（她领养三个小孩，是个单亲妈妈）。正如第一任师母一样，叶光明牧师是于路得师母在耶路撒冷服事神的期间与她相识。路得师母于一九九八年十二月在耶路撒冷去世，他们自从一九八一年起就长居此处。

在叶光明牧师于二〇〇三年以八十八岁高龄去世之前，他一直忠心地站在神呼召他所站的事奉岗位上，旅行世界各地，分解神启示的真理，为病人与受苦者祷告，按照圣经来分享他的先知性领受。身为国际知名的圣经学者与属灵长者，叶光明牧师建立了横跨六大洲的教导事工，服事这世代超过六十年之久。他的著作已超过五十本、圣经教导的录音带超过六百卷、录像带超过一百支，其中有许多都已译成超过一百种语言并且出版。他在一些突破性主题上的教导可谓先驱人物，例如：世代的咒诅、以色列在圣经中的重要性以及魔鬼学。

叶光明牧师自一九七九年开始播送的广播节目，已被翻译成超过十数种语言，并且持续改变众人生命。富有教导恩赐的叶光明牧师以清楚简明的方式解经及教导，帮助了数以百万计的人建立信仰根基。他不分宗派、不分教派的解经方式，使其教导对于来自所有种族与宗教背景的人都同样地适用。据估计他的教导已为全球超过一半的人所喜爱。

叶光明牧师曾于二〇〇二年说过："我的渴望是这个事工能将神在超过六十年前透过我开始的工作持续下去，直到耶稣再临，而我相信这也是神的渴望。"

叶光明牧师国际事工将继续坚持向超过一百四十个国家的基督徒分享叶光明牧师的教导，完成神所颁布要持续传福音、教导"直到耶稣再临"的命令。这将透过全世界各地超过三十处叶光明事奉团的工作来实现，包括在澳洲、加拿大、中国、法国、德国、荷兰、新西兰、挪威、俄罗斯、南非、瑞士、英国以及美国的主要工作。欲查询上述以及其它分布世界各地的办公室最新信息，请上网浏览www.ygm.services。

如何在智能手机上安装应用程序（App）

可复制网址到智能手机的浏览器，或使用二维码安装适用于您智能手机的应用程序（App）

iPhone/iPad手机下载网址:

https://itunes.apple.com/sg/app/
ye-guang-ming-ye-guang-ming/
id1028210558?mt=8

若干安卓手机下载地址如下，供您选择:

https://play.google.com/store/
apps/details?id=com.subsplash.
thechurchapp.s_3HRM7X&hl

叶光明事工微信公众平台:

如果您对叶光明事工的资料有任何反馈或愿意作出奉献支持事工，请email联络我们：

电子邮件 feedback@fastmail.cn

DPM42-B112

www.ingramcontent.com/pod-product-compliance
Lightning Source LLC
Chambersburg PA
CBHW072001040426
42447CB00009B/1434